主编简介

许建萍 现为福建师范大学团委副书记。负责福建师范大学"小葵"品牌形象推广和"五微五阵地"网络新媒体工作。

高校校园文化建设成果文库

小葵模式

用新媒体激活思想政治教育工作的探索

许建萍◎主编

光明日报出版社

图书在版编目（CIP）数据

小葵模式：用新媒体激活思想政治教育工作的探索 /
许建萍主编 . -- 北京：光明日报出版社，2018.4（2023.1 重印）

ISBN 978 - 7 - 5194 - 4125 - 8

Ⅰ.①小… Ⅱ.①许… Ⅲ.①传播媒介—应用—高等学校
—思想政治教育—研究—中国 Ⅳ.①G641

中国版本图书馆 CIP 数据核字（2018）第 060990 号

小葵模式：用新媒体激活思想政治教育工作的探索
**XIAOKUI MOSHI：YONG XINMEITI JIHUO SIXIANG ZHENGZHI
JIAOYU GONGZUO DE TANSUO**

主　　编：许建萍

责任编辑：曹美娜　朱　然　　　　责任校对：赵鸣鸣
封面设计：中联学林　　　　　　　责任印制：曹　净

出版发行：光明日报出版社

地　　址：北京市西城区永安路 106 号，100050

电　　话：010 - 67078251（咨询），63131930（邮购）

传　　真：010 - 67078227，67078255

网　　址：http://book. gmw. cn

E - mail：gmrbcbs@ gmw. cn

法律顾问：北京市兰台律师事务所龚柳方律师

印　　刷：三河市华东印刷有限公司

装　　订：三河市华东印刷有限公司

本书如有破损、缺页、装订错误，请与本社联系调换

开　　本：170mm×240mm

字　　数：182 千字　　　　　　　印　　张：14

版　　次：2018 年 4 月第 1 版　　印　　次：2023 年 1 月第 2 次印刷

书　　号：ISBN 978 - 7 - 5194 - 4125 - 8

定　　价：68.00 元

编委会名单

目 录
CONTENTS

总　论

　　2011 年起,福建师范大学团委坚持立德树人的根本要求,遵循思想政治教育规律和学生成长规律,结合新媒体时代特点,提出"五微五阵地"大学生思想政治教育新模式,推出"福师大小葵"网络卡通形象以及"小葵说"系列网络文化产品,获得全国政协原主席贾庆林、国务院原副总理刘延东、国家原副主席李源潮,教育部、团中央及福建省领导等批示肯定,得到中央电视台新闻联播栏目、光明日报、人民日报、中国教育报、中国青年报、福建日报等主流媒体 300 余次深度报道。

一、"一个困局,不破不立"——新媒体时代下,思想政治教育困局的"破"与"立"

　　"新媒体时代"的到来。互联网的发明和发展对人类文明产生了巨大而深远的影响。随着信息全球化的不断推进,智能产品的不断普及和互联网技术的不断革新,我们进入了以微博、微信等新媒体传播平台为代表,以短小精炼的内容为文化传播特征的时代。新媒体开创了一个虚拟与现实并存的全新环境,不仅对广大青年学生的思想理念造成空前的冲击,对传统的思想政治教育模式和手段也带来了新的挑战。

　　新媒体是一个开放的平台,人人有话语权和参与权、每个人既是新媒体的使用者也是创造者。它摆脱了空间限制,实现了随时随地传播,同时传播的流向也从原来的"媒体到公众"单向传播变成了双向和多向传播。

不同国籍、不同民族、不同阶层、不同年龄、不同行业的各种文化和价值观鱼龙混杂，互相碰撞交流，互相影响渗透，形成了多元化共存的格局。

新媒体时代大学生思想政治教育工作面临的困局。新媒体的发展速度远远快于人们对于它的思考速度，在这样一个剧烈变革的时代，如何准确看待和利用新媒体正逐渐成为大学生意识形态斗争的关键。新媒体准入门槛低、虚拟与现实并存、自由开放多元和信息鱼龙混杂的环境，一方面为不良文化提供了滋生的温床，为西方意识形态的渗透提供了可乘之机，另一方面也对当代大学生的思想观念和价值信仰带来了强烈的冲击。网络上一些不健康的内容、非主流的思想和错误的思潮影响着大学生的思想观念，若不加以引导而使其偏离正确的方向，后果将不堪设想。

新媒体环境对传统的高校思想政治教育模式带来了诸多挑战。传统的主流文化传播触角局限于线下，教育主体学生则沉迷线上，老师线下"苦口婆心价值观"，学生"一上网络毁三观"，传播路径"不够精准"；传统的主流文化传播内容刻板生硬，自上而下的单向灌输式传播方式缺乏创新性，传播内容"不接地气"。"一元主导"的传统教育模式在"复杂多元""追求自由"的新媒体环境中显得格格不入。

但不能否认的是，新媒体在对传统思想政治教育模式带来危机和挑战的同时，也为思想政治教育改革和创新搭建了崭新的平台，提供了崭新的机遇。

互联网时代，要么主动拥抱互联网，要么就被互联网的浪潮裹挟吞噬。2011年初，福建师范大学团委尝试在学校团学组织中开通微博，并逐步探索"五微五阵地"的育人新机制。"五微"即微协会、微活动、微服务、微论坛、微文化；"五阵地"即努力将团学组织微博建设成为思想引领的新阵地、成长服务的新阵地、组织动员的新阵地、答疑解惑的新阵地、工作创新的新阵地，探索新形势下团组织"润物细无声"地开展思想引领的工作方式。

"动员这么多团学组织开微博，我们也犹豫过。"福建师大团委书记涂荣坦言自己的担心:这么多微博,团委要如何引导学生理性表达? 学生有没有能力辨别网上谣言? 如果这些微博没人看,怎么收场? 最终,他们还是决定把微博开起来。"理性、担当,这些不是硬教能教出来的。"涂荣认为,恰恰只有微博实践才能让学生、学生组织明白何为言论尺度、如何参与民主管理、什么是网络担当。他打了个比方,这就像学游泳,有人引导了、下水了才知道怎么游,不下水,说啥都没用。从去年开始,福建师大200多个团学组织在新浪微博上安了家。该校也成为团中央"团学组织微博体系建设"的试点高校。

——《下水了才知道怎么游——福建师大重视培养学生新媒体素养》(《中国青年报》,2012年5月3日)

二、"一个矩阵,通达四方"——"五微五阵地",全覆盖新媒体矩阵的建立与发展

互联网时代,各行各业都在谈升级转型。但是思想政治教育模式要"升级转型"谈何容易? 福建师范大学团委基于自身情况,逐步建立起自己的新媒体传播矩阵。

构建校园"微"体系,让网络思政工作无"微"不至。纵向上,福建师范大学团委在学校、学院、年级、班级、社团5个层级推动微博建设,建立网络化、矩阵式的微博体系。2012年,建设了600多个团学组织微博,后逐步扩大到覆盖27个学院团委、学生会,108个年级团总支、学生会,1111个团支部,260个学生社团,构建起1600个相互捆绑、信息共享、各具特色、优势互补的微博体系。以福建师范大学学生会微博为例,2011年全年发布微博5993条,收到"@福建师范大学学生会"65520条,对各类校园热点事件评论2980条,微博矩阵构建起了联系、服务、引导青年的网上阵地,在学校网络思想政治教育和学生服务中发挥着重要作用。横向上,随着新媒体平台的更迭和用户的聚集,福建师范大学团委又陆续向微信、QQ空间、青年之声、易班、知乎、Facebook、Twitter等新媒体平台进军,实现分众覆盖和精准传播。通过纵向、横向上的谋篇布局,福建师范大学网络思想政治教育的网上阵地不再是"单兵作战",更不是"曲高和寡",而是具有整体的规模效应和影响力的"联合舰队"。

校园"微"体系具有集聚放大的功能。福建师范大学团委将官方网站与微博、微信进行绑定、互相链接,实现了学生思想教育、心理健康、素质拓展、就业创业等相关信息的同步发布、同步共享。充分利用微博、微信的便捷、图文并茂等特征,及时传播国内外重大时事、相关的政策动态和各种正能量信息,经过体系内各级各类团学组织微博裂变式的层层转发、评论后,产生了几何级的集聚和放大效应,在极短的时间内就在校园内形成了上下一致、口径统一的思想舆论导向,从而牢牢掌握了校园"微"体系的思想高地。

校园"微"体系具有平台创新的功能。福建师范大学团委利用微信公众号每天定时推送图文并茂的文章,这些新媒体读物内容丰富、语言贴合学生实际、发送快捷、阅读方便,极大地吸引了广大学生的兴趣,也在校园内吹起了新媒体文化传播的新风。同时,福建师范大学团委利用校园"微"体系强大的组织动员能力,一举改变了以往通过各级团学组织层层发动布置的动员模式,而通过微博发布活动通知、开展微博报名等,使活动组织者与参与者可以在微博上直接互动,极大缩短了二者之间的距离,构建了一套扁平化、快捷精准的组织动员新模式,极大地提升了校园文化活动的组织效率,也提高了广大同学参与校园文化活动的热情和积极性。

校园"微"体系具有便捷沟通的功能。校园"微"体系的建立和完善,拉近了学校和学生之间、部门与部门之间、部门与学生之间的距离,使学校可以在第一时间了解到学生的所思所想以及他们的需求和困惑,从而使网络思政工作更接地气、更贴近学生实际、更符合新媒体时代要求。自"五微五阵地"建立以来,分管学生工作校领导带头使用微博,并带动联动中心各成员单位负责人、联络人、各学院分管学生工作负责人、团委书记、辅导员等学生工作干部更多地关注微博、使用微博。他们经常通过微博的评论、私信等功能,平等地与学生进行交流互动,详细解答同学们有关思想、学习、工作等方面的疑惑和问题，帮助学生更加理性地使用微博，更加客观地认识和对待面临的各种问题和困难，在点点滴滴中提高学生的思想认识，引导学生健康成长成才。校园"微"体系已经成为学校在原有工作渠道之外，开展学生思想教育工作的一个崭新的领域、引领学生成长的领域、深受学生喜欢信任的领域。

新学年伊始，陈志勇经常接到新生涉及学习、生活等方面的咨询。"我发现很多问题大同小异，重复解释效率太低，不如用微博进行集中回答。"陈志勇说。

于是，从 9 月 29 日起，以"给新生的 25 条建议"为主题的信息陆续出现在陈志勇的实名微博上，内容涵盖了"专业学习、寝室生活、学生组织"等方面，既有具体案例，也不乏励志语录。

"很喜欢老师微博不浮夸、接地气的风格，看完后感觉很受启发。"这是一位名为"人生就要 wonderful"的网友在陈志勇微博上留下的评论。

"微博使我的工作在时空上得到了拓展。"在陈志勇看来，微博的运用能够帮助他拓宽和学生的交流互动渠道，搭建起思想引领和服务成长的新平台，使他在 8 小时工作之外能够"找到"学生，了解学生所想所需，推进团学工作扎实发展。

——《拥有 27 万粉丝的高校团干部》（《中国青年报》，2012 年 10 月 25 日）

三、"一个平台，体贴入微"——解决思想问题和实际问题双管齐下

落实校园"微"服务，让网络思政工作体贴入微。解决思想问题和解决实际问题相结合，是思想政治教育工作的一条重要原则，也是提升网络思政工作的生命力、吸引力的关键所在。严密完整的校园"微"体系，能够充分发挥联动中心多部门协调联动的优势，形成服务学生的整体合力，在协调解决学生一个又一个实际问题的过程中，让网络思政工作体贴入"微"。

网上"织围脖",网下见行动。今年新生报名那天,福建师大音乐学院 2012 级学生黄杰在校内不慎遗失了一个黑色钱包,里面装有 8000 多元学费。在黄杰焦急之际,其助理辅导员陈郎迪在微博上发布了此事,并向福建师范大学团委、校学生会等微博求助,信息迅速扩散开来。第二天,该校 2009 级学生郑建恒在核对遗失者身份后,将钱包物归原主。据福建师大学生会副主席林旭晨介绍,学生会微博专门设有寻物栏目,坚持每天整理失物招领信息并做成一张图,然后通过微博统一发布,仅上个学年就发布失物招领信息 2000 余条,帮助许多学生找回了丢失的物品。

——《福建师大开辟育人"五微五阵地"》(《中国教育报》头版头条,2012 年 11 月 23 日)

在"微"体系的建设过程中,福建师范大学团委以服务为切入点,以多部门的协调联动为特色,让学生通过新媒体充分感受到透明化、高效率、高质量、快答复的优质服务管理。同学们发现通过校园"微"体系,不仅可以吐槽反映各种意见诉求,还能得到学校有关管理部门的快速响应和高效解决,从而进一步增强了校园"微"体系对学生微博用户的亲和力、吸引力和信任度,人气指数不断飙升。

根据学生需求和长期服务经验积累,小葵在新媒体平台上,打造了"八大服务工程":思想引领、创新创业、公益志愿、提案落实、学霸养成、文艺修身、运动健身、失物招领,全方位致力于为学生日常提供全方面的服务。

做好校园"微"引领,让网络思政工作细"微"入心。服务学生成长不应停留在浅层的生活服务,更重要的是为学生的思想成才保驾护航。在校园"微"体系已经在学生群体中集聚了大量的人气时,要充分发挥新媒体的育人功能,引领学生思想,引领校园文化,引领学生成长成才,从而让网络思政工作更加细"微"入心。

福建师范大学团委组建由专业教师、辅导员、研究生等组成的舆情团队,建立全天候全媒体值班制,通过网络监测和大数据分析,发布小葵舆情,形成每日、每周、每月的舆情专报,进行舆情监测、研判、预警、处置,为教育部、团中央等相关部门提供决策参考,提升思想政治教育的针对性。同时,网络舆情在校园稳定中发挥重要作用。2012 年 9 月,钓鱼岛事件再次升温,民众走上街头游行示威,频频发生过激行为。舆情监测发现,有人在网上发布消息组织人员 9 月 18 日在五一广场集会游行。走上街头的呼声一直在挑逗学生情绪。我们通过线上设置"爱国不碍国"话题,线下开展万人签名、名师讲座、主题团日等活动。当天,游行队伍在校门口摇旗呐喊,鼓动学生上街,无人响应。

此外,福建师范大学团委还积极利用微博平台,开展各种丰富多彩的校园文化活动,如组织"微博共话中国梦"系列活动,发动微博投票评选"我最喜爱的好老师"活动,在每次重大校园文化活动现场设立微博墙,让学生自由表达自己想法,积极发表正能量的信息,在全校学生中倡导积极健康向上的校园"微"文化,让微博与校园文化建设、与育人工作更加紧密地结合起来,使二者更好地相互促进、相互提高。"2012 年央视中秋晚会""校庆 105 周年"等大型活动志愿者的招募信息,一经微博发布,可谓是一呼百应,应者云集。同时,学校的大事、喜事,经微博的宣传推广,极大地增强了学生的归属感、荣誉感和自豪感。在学校 105 周年"校庆微祝福"活动中设立微博墙进行实时互动,仅两个小时就收到了 21526 条祝福信息。

四、"一个形象,内涵深远"——"小葵说",说出正能量

歌德说过:"理论是灰色的,生命之树常青"。"说什么""怎么说"始终是网络思想政治教育的两大难题。福建师范大学团委坚持"内容为体,技术为用"的思路,从强化内容供给和强化形式创新两方面来破解"说什么""怎么说"两大课题。

2012 年 12 月 3 日,福建师范大学网络卡通形象小葵正式发布。小葵是通过面向全校师生征集,以阳光、向日葵为原型的网络卡通形象。小葵时尚清新的风格、"不为青年师,要为青年友"的同伴形象深受学生喜爱。

　　主流思想涵养深刻内涵。传统的主流文化传播往往缺乏亲和力与针对性，不能满足大学生成长发展的需求。福建师范大学坚持以主流思想作为新媒体传播的主要内容，立足于社会主义核心价值观，力求使抽象的道理形象化，实现主流思想的感性化表达，使有意义的事情变得"有意思"。依托小葵形象，形成了学"习"系列、"小葵说社会主义核心价值观"系列、"革命传统"学习教育系列、"一带一路"宣传系列等八大系列网络文化作品，开发了《不可不知的习近平治国理政观》口袋书、《"两学一做"进行时》动画片、《奋斗的青春最美丽》系列视频、《小葵说法》《小葵说廉》《小葵说孝》及社会主义核心价值观宣传教育等一系列优质文创产品，打造柔性的思想引领方式，实现主流价值的有效传导。

　　全网平台释放传播效果。优秀的网络文化成果要实现育人效果，必须有强势的传播渠道。工作室形成了网上多平台推广、线下创意集成展示、协同创新盘活渠道资源的立体传播渠道，实现受众的精准覆盖，使主流思想真正入耳入脑入心。网上多平台推广，即把文创作品嵌入微博、微信、直播等新媒体平台，实现"青年学生在哪里，新媒体传播就在哪里"；线下创意集成展示，即建立福师大小葵馆作为新媒体传播交流平台，吸引全国300多个单位交流学习，让受众在体验中成为有力的口碑传播者；协同创新盘活渠道资源，即通过高位嫁接，与中组部合作开发20部《准则大家学》《条例轻松学》动画片，与教育部《习近平治国理政新思想新理念新战略》系列动漫作品，与团中央联合推出团史教育动漫《我的青春我的团》，承担福建省高校"两学一做"网络宣传重大委托项目，协同共创新媒体传播项目，开发具有全国全网传播力、蕴含普适育人功能的新媒体文化成果，提升作品覆盖面和影响力。

　　三贴近原则提升原创动力。坚持以"贴近学生、贴近生活、贴近时代"的三贴近原则释放新媒体原创动力。首先，坚持以各类学有专长的学生作为创作主体，通过自主申报、专题立项、竞赛评选，让学生亲自参与设计、开发，给予经费支持和专业指导，使学生既当创作者又是受益者，激活其参与新媒体工作的内生动力。其次，坚持设计贴近生活、创作走进生活的理念,使新媒体文化成果和作品服务学生的学习、生活,设计校园创意用品,挖掘日常用品的育人元素。第三,在继承优秀传统文化的基础上,注入鲜活的时代基因,通过技术和艺术的创新,以动画、四格漫画、剪纸、影雕和 3D 模型等形式表现新媒体文化新体验。

小葵系列网络文化产品促进了主流思想的有效传导:一是载体更加时尚,提升了吸引力。通过富有思想内涵、融合时尚元素、学生喜闻乐见的文化产品,将"高大上"的主流思想变得可感可学。二是形式更加柔性,提升了传播力。通过"小葵"强大的影响力,引导青年学生从认同"小葵"到认同小葵所倡导的主流价值。三是成效更加凸显,提升了影响力。如《小葵图说社会主义核心价值观》《小葵寻徽记》等团宣漫画成为团中央入团宣传材料,并得到《中国青年报》专版刊发。"福师大小葵"享誉全国,创作出众多兼具时代热度、人文温度、思想深度的文创作品。2014 年2 月 17 日,团中央官微在其发布的"新学期,欢迎'00 后'入团"微博中,配上了福建师大学生绘制的《小葵寻徽记》等漫画作品,该微博单条阅读量突破 5000 万,转发评论量突破 10 万。

"这些原创产品更加活泼青春,贴近我们学生,创造出了独具特色的福师大'小葵'文化。"福建师大大三学生何晓铭告诉记者,许多同学被这些原创产品的萌风格吸引,继而关注背后的内容。"完备的体系是我们开展新媒体工作的基础,而依托这一体系,我们在这两年培养出一批具备新媒体素养的学生干部。"陈志勇认为,体系和团队是该校团学工作坚持原创的保证。

——《"小葵"缘何受大学生欢迎》(《中国青年报》,2014 年 12 月29 日)

经过六年的发展,福建师范大学"五微五阵地"新媒体工作和"福师大小葵"享誉全国。尤其值得肯定的是,福建师范大学团委探索形成了网络思想政治教育的"小葵模式":即以"五微五阵地"新媒体平台(技术平台)为"用",以小葵系列网络文化产品(价值输出)为"体",二者相辅相成,互为依托,提升网络思想政治教育的有效度和扩大网络思想政治教育的覆盖面。福建师范大学校团委入选教育部高校网络文化建设试点单位、团中央首个网络新媒体转型创新试点单位,成立了福建省易班发展中心、福建省青少年网络新媒体研究中心、福建高校网络文化发展研究中心。研究出版高校新媒体育人工作专著 4 部,团队负责人陈志勇入选教育部"思想政治教育中青年杰出人才支持计划",获得新浪教育盛典"致敬导师""年度微博影响力大 V"等荣誉。曾 20 多次在全国性会议上作经验介绍,为 40 多个国家政府官员考察团作经验汇报,300 多家单位来校交流。荣获"福建青年五四奖章集体标兵"等诸多荣誉奖项。

第一章

平台运营:抢占思政教育新阵地

第一节 平台概述

"人类社会的第四次传播革命,即互联网相关技术的推广使用以及由此带来的新媒体的蓬勃发展,不仅促进了传播载体和传播介质的更新升级,也实现了数字、语音、文字、声音、图画、影像等多种传播方式的统一数字化处理。"[1]许多新媒体平台相继产生,传统的传播模式也发生了巨大的转变。网络空间的信息供给量迅速地超过了传统的线下媒体,移动媒体,微博、微信、直播等平台逐渐成了人们获取信息的主要渠道,成为人们了解社会、了解世界的窗口。

福建师范大学善用网络新媒体平台,努力建设网上思想引领、成长服务、组织动员、答疑解惑、工作创新的新阵地,切实推进学生思想政治教育网上、网下"两翼协作、联动并进"的整体转型,有效形成了正面思想引领的整体效应。

---

[1] 周璐:《自媒体的运营策略——以＜逻辑思维＞为例》,江西师范大学硕士论文,2015年7月。

◆@福建师范大学团委

作为一个"基于用户关系信息分享、传播及获取的平台",它更注重时效性和随意性,更注重对当下动态第一时间的传播。

因此,从时效性上,@福建师范大学团委基于福师大思想引领、创新创业、公益志愿、提案落实、学霸养成、文艺修身、运动健身、失物招领等"八大服务工程",从解决本校学生的基本诉求、传递青年学生的声音、维护好青年学生的具体利益出发;始终把服务学生作为工作的出发点和落脚点,将团委官方微博打造成服务于青年学生,帮助学生解决学习、工作、生活中实际困难的平台,并于解决学生诉求的同时,在重大时间节点积极发声,在日常服务中了解青年思潮,引领青年学生思想。

微博自 2011 年 9 月 9 日开通以来,至今发布微博数量达到 21812 条,粉丝数量达到 41893 人,累积阅读量达 4 亿多,连续三年在全国高校团委综合影响力排行榜前 2 名。福建师范大学团委微博通过"福师大小葵"这个卡通形象,拉近与青年学生的距离。不仅加深了与师大学子的交流,更是作为展示师大团委思想政治工作的窗口,向广大青年学生传播马克思主义,传递正能量,利用新媒体的优势更好地引领青年学生思潮。

◆"福师大小葵"微信公众号

作为当下移动社交媒体中用户量最高的平台,微信的即时通讯功能已经成为时下人们日常交流的重要方式,而微信平台公众号的资讯传播功能俨然已经颠覆了传统媒体的宣传方式,成为许多媒体人、机关事业单位等宣传的窗口。"福师大小葵"作为福建师范大学团委的官方微信公众号,定位为在团委各类团学信息的基础上,做内容精品,做深度内容原创,展示高校校园的多方资讯,如校园时事、学生风采、团学活动等,作为学校展示形象、对外宣传的重要阵地,成为学生获取信息、沟通思想、传达感情的重要平台。

"福师大小葵"成立于 2013 年 3 月 16 日,四年来,总用户数已达到68770。以服务福建师范大学广大师生为目的,本着"萌小葵带你玩转师大,分分钟获取师大最新资讯,各种校园服务功能让你爱不释手!"的态度,"福师大小葵"坚持每周至少推送六篇图文消息(放假期间推送三篇)。也正是因为如此,"福师大小葵"的推送也获得了大家的支持,取得了平均单篇图文阅读人数平均约7000多人次、转发量约300多次的成绩。

小葵2016年微信文章阅读量排行

日期	标题	阅读量	点赞数
2016.01.10	福师大版《小幸运》|原来你是我遇见最美的幸运	94066	1404
2016.11.23	投票自强之星:青春当自强　励志谱华章	56140	226
2016.03.17	福建师大人,你已经成功地引起全国人民的注意了!	49384	831
2016.04.18	最美志愿者,我们为你点赞!	32920	233
2016.05.05	独家《福师姑娘》,唱给每一个特别的你	29668	552
2016.11.13	投票12家"活力团支部"评选,福师大人,你准备好了吗?	27351	139
2016.08.21	福师大健儿再为奥运添金!诠释中国女排精神!	26334	468
2016.08.10	师大奥运首金!两破世界纪录!邓薇摘得女子举重63公斤级金牌!	23876	262
2016.03.18	他们也有故事和"A4腰",师大人都想看!	20905	1054
2016.11.30	姬哲杰,你给我站住,我想给你投一票。	20595	104

2017.01－2017.05福师大小葵文章阅读量排行

排名	标题	最高阅读数	点赞数
1	为TA点赞|谁是你心中的"年度学生人物"	42453	240
2	"十佳团支部立项"评选活动开始啦!	27157	197

续表

排名	标题	最高阅读数	点赞数
3	厉害了,我的福师大!2017中国非211工程大学排行榜位居第一名!	25601	393
4	盲听|为你收目中的研究生十佳好声音投票吧	17562	130
5	"三节"微漫画,你看好谁?	12620	115
6	青年之声|电影《喜欢你》空降福师大,200张门票你要吗?	12023	407
7	520,你最想表白的十佳歌手是谁?	11681	114
8	抢票|我有份写了200遍的小情书想送给你	10645	400
9	福师大版《告白气球》|这个春节,一起告白师大吧!	8678	324
10	教官抢先看|学弟学妹们,我们周日见!	8316	228

青年之声

"青年之声"作为团中央全团推广的原创平台,以问答的形式与青年互动,以精准的回复赢得青年赞赏,致力于反映青年呼声、回应青年诉求、维护青年权益、服务青年成长。福建师范大学青年之声平台于2016年6月上线运营,下设33个组织,其中25个为学院团委,8个为校级学生组织。当前,总注册人数为22051人,占到全校本科生人数的91.3%。专家数为16813人,主要为学校专兼职团干、青年教师以及主要学生干部。

福建师范大学"青年之声"积极推进"四个融合":把"青年之声"融入"五微五阵地";把"青年之声"融入八大服务平台;把"青年之声"融入基层团学工作;把"青年之声"融入到校园文化活动。学校组建团队对每日学校"青年之声"平台的问题进行审核与解答。同时,学校联动线上线下,一是同学生团支部的基础团建工作相结合,将团支部开展的团日活动、团支部立项等在平台上进行展示;二是通过开展"青年之声·福建师范大学校园迷你马拉松""青年之声·关爱女生活动"等活动,对青年之声平台进行积极宣传。

◆福建易班

易班,是教育部信息化建设、加强大学生思想政治教育的重要阵地。近年来,福建省立足本省特色,分类指导,分步实施,有力有序推动易班建设,取得了明显的成效。2016 年 8 月,福建省委教育工委、省教育厅成立了福建省易班发展中心,全国易班第一个省级页面——福建易班上线,办公室挂靠福建师范大学,由校团委小葵新媒体团队负责运营。

福建易班平台进一步集聚福建高校网络思想政治教育资源,与全省高校共同构建符合福建大学生需求特点,兼具思想性、教育性、服务性、娱乐性和安全性于一体的全省高校易班思想政治教育网页。目前,福建易班页面以思政教育资讯类为主,已经建成了 10 个一级栏目和 33 个二级栏目,每天发布近百条信息。在页面开通的近一年的时间内,以“一月一主题”“一校一品牌”“一校一平台”等行动计划提升易班活力,每日主页活跃度 2 万多人次,每年线上开展 12 场主题活动,团队自主开发 10 款轻应用程序。自成立以来,福建省易班已认证用户数为 627154,日均页面浏览量为 31984,页面总点量为 11674215。福建易班已经成为网聚福建省思政工作经验的特色平台,为全国易班建设创造了宝贵的经验。

◆福师大小葵 QQ 空间

2015 年 9 月,腾讯官方发布的数据显示,QQ 空间活跃用户中,51% 为 90 后用户,其中,32% 为“95 后”用户。不同于以往的青年学生,“95 后”对微博、微信等平台的热衷程度远低于 QQ 空间。为了进一步密切联系青年学生,走进新兴青年时代,2015 年 10 月 1 日,福建师范大学团委注册申请“福师大小葵”(QQ:543211907)并开通 QQ 空间。

与此同时,设立专门负责“福师大小葵”(QQ:543211907)的日常管理与 QQ 空间的运营团队。因平台属性不同,小葵 QQ 空间主要面向全校团干、各级学生组织、班级团支部书记以及少数师大学生,侧重发挥平台在团学信息扁平化传达方面的作用。微团小站旨在通过小葵 QQ 为纽带,与各学院团副、团支书进行互动,协助其在 QQ 空间进行团学活动的宣传与推广;同时,借助小葵 QQ 发布与同学息息相关及其感兴趣的相关信息,也成为校园舆情信息收集的重要平台。

◆福师大小葵直播平台

作为后起的新媒体平台,直播,以它个性化的服务吸引了一大批的用户。它主要依靠直观的视频影像、即时的线上互动,成为网络人际交往的一个新空间。2016年9月,校团委在"一直播"平台开通福师大小葵直播账号,正式"触电"直播领域。

福师大小葵直播平台专注于校园活动的现场直播,将学生思想引领与校园文化活动结合,第一时间呈现内容,赢得了青年学生的欢迎。在内容生产上,一是强化思想性,表现在高位嫁接,与省委宣传部、省电视台合作,承接了省级大型宣传思想活动的网络直播。如2016年11月,福建省八闽楷模周炳耀大型访谈节目;2016年12月,全国科技文化卫生三下乡现场示范活动;2017年,福建省基层"最美人物"新闻发布会等省级活动。二是强调影响力,表现在依托团委品牌活动,利用校团委现有活动的影响力,如校园十佳歌手赛、迎新晚会、名人分享会等活动,扩大直播平台的影响力。三是突出层级建设,利用赛事整合资源,提高平台活跃度。如利用全校团支部立项评选活动,设置团支部轮播形式,保持平台活力,同时,增强院系学生认同。一年来,福师大小葵直播账号已有粉丝5.6万,为青年学生带来了更直接、更有效果、覆盖更广的传播体验。

除此之外,我们还积极拓展新兴平台。利用知乎平台,扩大思想政治教育的影响力和覆盖面,主动设置议题,回答青年学生关切的问题,推送爱国教育、时事评论、热点解析和专业科普等原创热帖;选取全球用户较多的Facebook、Twitter、Instagram三个新媒体平台,开通账号,每天推送内容,全天24小时与粉丝进行交流;与人民日报、新华社等国内相关国际账号互动,增强国际传播效果。

第二节 平台运营的策略：定位、内容、互动

新媒体发展至今，所有的平台既是服务用户的工具，也是一种全新的思维方式。怎么样才能用新媒体平台让更多信息被高水平地发布呢？2011年，福建师范大学提出打造"五微五阵地"的新媒体工作设想，构建主流文化传播微体系，主要的体现就是善于借用新媒体平台，全力构建多重覆盖的共青团网络新媒体平台，把宣传阵地从线下延伸到线上，以此拓宽传播路径，达到了良好的传播效果。在平台运营上，团队结合学校实际，梳理了一套精准定位平台、创新编发内容和高效互动用户的运营体系。

一、定位策略：告诉用户"我是谁"

某种程度上讲，微博、微信、直播、知乎、Facebook、青年之声、易班等新媒体平台，都属于社交媒体的范畴，都是针对特定群体的圈子化的传播平台，个性化特征相对明显。因此，每个平台必须有明确的定位，不要受外界干扰，听谁说内容好就做，也不要看到谁的平台做得好，就盲目模仿，要清晰界定"我是什么？"。

（一）自我定位

针对平台的特征本身，需要对平台自身的优劣势，进行自我评估。从高校的角度看，就是明确每一个新媒体平台开通的目的是什么，要为学生提供什么样的内容或者服务。对于我校团委来说，宣传和展示学校各方面的突出成果，传递校园正能量，最终达到思想引领，这是最终目的。具体就平台的特点看，定位侧重点则不一样。

从时效性上，@福建师范大学团委微博，从解决本校学生的基本诉求、传递青年学生的声音、维护好青年学生的具体利益出发，始终把服务学生作为工作的出发点和落脚点，因此，在微博的定位上，首先是服务，将

其打造成服务于青年学生,帮助学生解决学习、工作、生活中实际困难的平台;其次,是引导,在重大时间节点积极发声,在日常服务中了解青年思潮,引领青年学生思想。而在微信公众平台的定位上,"福师大小葵"作为我校团委的官方微信公众号,定位为做内容精品,做深度原创,它必须以做权威性的精品内容为目标,成为团委所有资讯的统一出口,作为学校展示形象、对外宣传的重要阵地,变成学生获取信息、沟通思想、传达感情的重要平台。而对于其它新兴平台的定位,基于每个平台本身的呈现特点,其自我定位也有所不同。

直播、知乎作为后起的新媒体平台,以它个性化的服务吸引了一大批的用户。如果说直播定位为校园正能量活动的现场转播,那么知乎更多的是从平台特性上定位,作为校园知识盲区的交流空间,供学生们答疑解惑。Facebook 作为世界第一大社交网络,作为我校拓展国际传播一个重要平台,我们将其定位为中国学生提供交流窗口、为外国友人讲好中国故事的抓手。而去年以来,由我校团委与教育厅思政处共建的福建易班平台,则成为全省教育资讯、思政教育的重要窗口,定位为展示福建省特色思政工作经验的网络平台。青年之声,作为服务团员青年、维护团员青年利益的重要平台。

(二)用户定位

从传播学上,"用户指的是某一种技术、产品、服务的使用者。""互联网思维的核心是用户思维。"几乎所有的新媒体平台,基本都具有社交功能。"说给谁听""是谁使用",是多种新媒体平台在互联网相互融合的环境下要厘清的生存之道。及时对每个平台的用户进行差异化的分析,剖析各个平台用户的特点、需求,达到精准传播的效果。

一般来说,高校新媒体平台的用户最多的是本校的青年学生,他们关注自己的校园生活,关注学校发生的事情,好奇学校里的"八卦风云",这些就是不论身份、不分群体的用户需求。而在我校团委运营的诸多平台中,用户圈是存在差异性的。

从信息传播上,微博的社会分享信息的功能优于微信公众号,它可以给用户带来更多的信息量。以@福建师范大学团委为例,除了每日跟进的校园热点,还会发一些日常学习、生活等服务类的信息,用户更关注的是实时资讯类的新闻。而就"福师大小葵"微信公众号而言,用户更关注的是其它平台上没有的或者平时不知道的知识。而我校直播平台的用户本身流动性则相对较大,他们有目的有选择地关注内容,比如他们所在的组织开展的活动,用户群体更加明确。准确定位用户需求,是做好平台运营的关键。

对校园新媒体平台来说,争取用户的关键就是提高用户体验。而互联网时代下用户体验中的"用户"并不仅仅是被动接受的"读者",他们既是平台消费者、运营参与者,又是内容生产者。

1. 平台消费者

即是粉丝,消费的正是每个平台所承载的内容和信息。而校园官方微博、微信,吸引消费者的几大特质:权威、兴趣、同理心。@福建师范大学团委微博既有权威的官方新闻,也有用户关注的热点,也能基于用户特点创造热点。"福师大小葵"微信公众号则通过挖掘校园新闻,以"影响师大青年"为主旨,在内容生产上留住消费者。而直播的选择则更多地基于校园文化中的影响力、受欢迎的主题活动,让消费者产生共鸣。"青年之声",则更多地从解决青年学生问题出发。

2. 运营参与者

用户作为平台的运营参与者,这是校园新媒体平台的重要特点。我校团委所有新媒体平台运营团队基本由在校学生构成。根据用户的行为、爱好分析,运营者可以清晰地知道不同时期内,用户的痛点。如毕业季、开学季、学生干部换届季等常规的主题,不同的时间在平台的呈现方式是不同的。平台提供服务,而最终用户是否满意,是作为运营团队及时调整服务手段的重要参考。对于我校运营团队来说,分析用户动态是每次例会的重要主题。

3. 内容生产者

"从用户中来,到用户中去",这是新媒体时代的规律。用户直接参与到了内容的生产,这是完全不同于传统媒体的生产模式。对用户来说,以前高校官网的新闻是大家获取信息的重要渠道,而现在许多校园热点事件,用户先看到的往往都是微博、朋友圈中好友的转发、分享。在高校这个场域中,学生已经成为内容生产的主体。不论是微博、微信还是直播,我校团委真正发挥学生用户作为内容来源的关键地位的作用,把校园热点的话语权归还学生,让用户成为主角。

(三)比较定位

从某种意义上,比较定位是一种纵向和横向的对比。在全国层面,高校团委几乎覆盖了所有最新的新媒体平台。在福建师范大学,与学生工作相关的职能部门几乎也开通了微博和微信。这两个层面上,属性相同的平台,同质的内容,已经过于饱和。面对此类情况,"怎么做",让团委的平台能够真正吸引到青年学生,就必须在比较中去求同存异,建立平台个性化的特色。

比较,是求同也是存异,是为了更好的交流学习。从用户对比上,校园平台的用户有很大的共性特征,相应地,需求、痛点也会是相似的。以微信为例,用户基于校园这个特定的环境,会产生许多相似的共鸣点。如"在外上大学是一种什么样的体验?"就这个话题而言,是通用于每个高校的。而"福师大小葵"在选择这个话题时,结合学校校情,选择了"北方人在福州上大学是一种怎样的体验"。话题被细化之后,重新包装,这对于用户来说也是不一样的体验。

就微博而言,在后勤、教务、学工等职能部门开通官方微博后,@福建师范大学团委微博的服务功能相应地被消解。那么,原来微博的服务定位要重新界定到建立与各部处微博的联动,最终,逐步构建起一个福师大的校园微体系。这是比较之后随之产生的定位策略的转变。而"福师大小葵"微信公众号在福建师范大学官方微信开通运营之后,用户资源、内容资源等会出现一系列的重合与冲突。作为同一个学校的两个公众号,同质化内容的出现,一方面,从用户体验上讲,有弱化的效果;另一方面,从用户黏性上,用户的选择创造了更大的竞争。因此,当"福师大小葵"

微信公众号不再是师大校园里的唯一后,比较定位可以避免资源冲突。基于学校团委组织架构上的微信公众号,它拥有校内团学组织的资源,拥有共青团系统内的各个高校团委用户,拥有更广大的青年学生用户,这是它的优势,因此更加明确地以青年学生用户的痛点作为首要考虑。而相比之下,学校官方微信,它承载着对校园重大历史性事件的第一时间报道的任务,在用户属性上,校友的比例高于"福师大小葵"微信公众号,从目的、用户的对比,来定位不同的平台,从而实现微传播深入校园的全部。

二、内容策略:重原创者得天下

跟所有传统媒体一样,新媒体平台运营的不变法则之一就是"内容为王",尤其是在平台争先崛起、用户饱和的今天,平台的吸粉模式已经从"哗众取宠"进入到"内容为王"的时代。作为高校官方新媒体平台,坚持"传播内容有品质,服务师生有温度",主动设置正能量话题,牢牢把握舆论风向,讲好校园好故事,传递校园好声音,切实提升优质原创内容的策划和生产能力,创造"10w+"的爆款文章是各高校新媒体的共同发展目标。

就高校新媒体平台用户而言,他们共同关注的是切身利益,追求的是新奇事物。那么,内容怎么来? 传统媒体、门户网站都有大量的记者和编辑人员,而对高校而言,带有自媒体属性的新媒体平台内容又该如何创造呢?

(一)内容来源:用户所思即是创作之源

简单地分类,内容本身可以分为原创和非原创,两者的来源既交叉又有不同。从福师大现有的新媒体平台看,90%的内容是原创。尤其是微信,基本保持每天一条原创的频率。10%非原创的内容基本来自于各个重大时间节点的文章,国家、社会、学校要闻的通知等。

原创内容从何而来?

1. 学生团队

在高校中,新媒体平台有专门的学生组织运营,可以算作是 PGC,即专业生产内容。福师大针对每个不同的新媒体平台,在团委的架构下组建相应的团队。如,@福建师范大学团委、福建易班依托小葵新媒体工作室;"福师大小葵"微信公众号依托校青年通讯社;"知乎"平台依托校研究生会;直播平台依托校学生电视台、"青年之声"依托团委组织部等。每个组织相对独立,又相互交叉。在内容生产上,可以互通有无,相互助力、形成合力,调动全员积极性共同为选题出谋划策。福师大团委平台运营的例会每周一次,每周固定流程:报选题——分析选题——确定选题,这是原创内容的开始。

2. 网络平台

对所有的平台来说,100%纯原创是很难的。任何优质内容的相互学习、模仿再加工都是内容生产的做法。对于高校而言,学校热点要闻是原创内容的主要素材。而我校运营队伍的主要做法有:第一,每日浏览学校各个部处网站最新信息,迅速找出可以结合新媒体推送的要点,并进行分类,然后考虑是做微博140个字发布、深加工做微信推送,还是其他。第二,每日网络搜索与"福建师范大学"相关的关键词,找寻其他媒体网站上的学校新闻。如每年年底会有各大专业机构对各个高校进行各类排名,如,师范类院校、一级学科建设等项目的排行,抓住时机,第一时间转发信息,可以起到增强学生爱校荣校情感的作用。第三,榜单靠前或热门的新媒体平台是选题重要的灵感来源,对共青团系统来说,中国青年报每周微博微信榜单前30的平台务必关注。主要有微博"的每日热搜"的各方平台、各高校(团委)的官方平台、上级单位的官方平台以及其他阅读量较高的自媒体平台等。目前,我校平台的运营团队,每人至少关注30个不同的账号,通过分析别人的内容,来找到符合自己高校属性的选题,再进入加工环节。

3. 平台用户,即粉丝,这是用户思维的体现,是平台个性化的体现

单靠运营团队的一己之力远远不够,还应加入UGC的元素,即用户生产内容,用户将自己原创的内容通过互联网平台进行展示或者提供给其他用户。除了前面说的选题来源之外,对于高校来说,每个学生用户的

动态也是选题的重要来源。目前,学生动态最直接的体现,一是朋友圈、二是 QQ 空间、三是微博。对我们学校而言,被朋友圈刷屏的一定是当天的热点,若新媒体平台能及时跟上,这个内容的反响一定不错。比如,2006 年 11 月 14 日,福州出现超级月亮,学生们朋友圈纷纷刷屏,微信团队当晚结合学生的朋友圈,马上策划推出《我说,今晚月亮这么美,你说,是的》一文,在当天晚上形成一种瞬间的议题爆点。对于"95 后"学生来说,QQ 空间是他们表达观点的另一场所,也是了解高校学生动态的渠道。这些素材都能成为内容生产的选题之一。

(二)内容选择:精品推送避免人云亦云

这么多的素材,如何选择? 分众理论认为受众有着不同的属性,分属不同的社会群体,态度和行为受群体属性的制约。因此,在平台运营上,要极力描绘用户画像,把用户信息标签化。通过收集与分析用户社会属性、生活习惯、消费行为等主要信息的数据之后,完美地抽象出一个用户的消费全貌。运营者针对用户喜好、价值观念等,做出让用户满意的东西。一方面,在内容上,不应一味求多求全,长此以往,反而会造成用户混淆,不利于培养用户黏度。另一方面,内容选择也不能一味地迎合受众,终点还是要回归教育。

1. 突出实用性

人人都想了解校内外大事,而非两耳不闻窗外事。新媒体最大的特点就是信息传播速度快。当今时代,新闻发声的第一手平台都是从新媒体平台,再到门户网站。就学校而言,其重要功能之一即对校内重要信息达到最快速度的"广而告之"。

所以,无论是哪个平台,都应求新求快,在第一时间推出最新鲜的内容。从资讯而言,微博的反映应该是最显现的。@福建师范大学团委微博开设"小葵资讯站""小葵微分享""小葵帮推"等栏目,第一时间分享校园新闻,同时,与各级微博形成联动机制,保证信息最大程度地转发覆盖。直播对校园大型活动的现场转播,与微博结合成为微博平台内容横向拓展的重要途径之一。如在我校 2016 级新生入学时,直播与微博联合宣传,实时发布"直播青春正能量"的直播内容,对校园迎新大事记进行7小时不间断直播,保证了迎新资讯第一时间传达,吸引了众多新生关注。

而有用的内容除了新闻资讯类,还有就是服务类的功能使用。@福建师范大学团委微博打造的"八大服务工程",落到实处做的就是学生日常的服务。通过技术手段丰富服务功能,提高平台的黏性,也是"有用的内容"之一。以"福师大小葵"微信公众号为例,微信下方菜单栏的设置除了每日一期的推送之外,吸引用户的还有公众号下方菜单栏的设置。如图书查询、成绩查询、课表查询等教务功能,还设置了原创精品栏目,将一些原创的历史内容固定在菜单栏,供用户查阅,省去翻找的时间。

2. 增加趣味性

什么内容会吸引用户关注,让用户自觉地转发,一是"有用",二是"有趣"。如果说时效性是有用、理性的认知,那么趣味性就是有趣、感性的体现。假设用户对平台发布的内容比较熟悉,或有某些相似点而产生感情上的接近,就会提高对内容的关注度并增强分享的冲动。一般来说,每个高校的新媒体运营团队以学生为主,与社会媒体相比,在内容深度上,会稍显不足,但在语言运用上,学生优势则占上风。学生对新鲜事物的接受程度和消化速度,对热点的把握,应该是校园新媒体平台运营的绝对优势。比如,网络用词出神入化的使用,甚至创造新的网络用语。那么如何实现有趣?(1)鸡汤文。即正话反说,用否定性的内容吸引用户的注意力。在教师节、五四青年节等固定节日,正能量文章犹如井喷。这时候,采用"逆向思维",不按常理出牌,往往能在众多文章中脱颖而出,最先抓住用户,带来新鲜的阅读感受。"福师大小葵"在教师节推送的《我为什么不想当老师》以"另类"的标题吸引用户阅读,明贬实褒,以师范生的角度阐述为人师的不易,从而表现对教师的感激与崇敬之情。(2)制造悬念。《终于等到姬哲杰,还好我没放弃》,一篇简单的记者节活动的推送,通过悬念性文案的设置,给传统的活动宣传创造了一种恍然大悟的趣味。(3)讲故事。讲故事的手法,是要拉近与用户的距离,制造共鸣。《越南闲游|诗与远方近在脚步下,天涯海角只为找到你》所传播的情怀

恰恰符合了大学生想要去看世界的意愿,如今大学生都比较喜欢书评、影评和游记,希望从这些方面得到一些指导或者思想交流共鸣。愚人节的推送《今天,你表白了吗》,一改平时的思路,放弃愚人节的搞笑路线,而选择让同学们说出自己愚人节表白的故事,获得了用户的认同感和亲切感。(4)使用网络热词。《用一个表情包介绍你的专业,我保证不笑》《报告辅导员! 没有我,我们村可能会输!》《最怕辅导员突然的关心:在吗?上午第一节课你在哪儿?》,选择时下热点选题,结合学校的环境进行改编,增加了互动体验。

3. 回归教育性

对于高校团委而言,教育引导是平台运营的最终目的。因此,在内容的选择上,要做到:有观点有态度,最终潜移默化地影响学生。(1)官微表态。尤其面对国家大事、社会舆论、学校新闻的内容时,官微第一时间的观点表态尤为重要。"福师大小葵"直播,在开通伊始,借用多场省级大型宣传思想活动的直播合作,传递了校园直播平台的思想导向。2016年,我校招生宣传的照片被营销公众号用为"野鸡大学"推文的配图,我校学生第一时间发现后,在小葵微信后台留言,我校微信团队连夜写稿,在小葵公众号平台上据实梳理该营销账号恶意使用我校招生宣传照片的事实,并提出多点反驳意见,表明了官微态度。(2)意见互动。@福建师范大学团委微博,在重大时间节点积极发声,在日常服务中了解青年思潮,达到思想引领目的。同时利用平台对校内活动的转播,参与学校多次大型活动微博直播,为感兴趣的学生提供表达的窗口。校内各项重大活动,如"五四表彰大会""校庆群众性晚会""十佳团立项评选"等活动现场,设微博大屏幕墙活动。通过实时推送网友评论到大屏幕上,与学生实时交流互动。(3)深度报道。在吸粉涨粉的阶段,平台的内容需要一些夺人眼球的内容,然而,当平台发展到平稳阶段时,"深度"才能留住用户。对于社会热点结合学校实际推出的评论《大学城共享单车:是与有荣焉的保护,还是各取所需的滥用?》,虽然较为严肃,但紧扣热点,又与学生生活息息相关,释放了平台做"深度"的信号。

4. 内容编辑:图多字少标题佳

与传统媒体不同的是,新媒体平台对内容编辑的要求更高。基于多渠道传播的需要,好的内容加上好的图文编辑最终才有可能打造完整的适合新媒体传播的内容。不同的平台对具体内容的编辑要求不同,也就是内容的表现形式。一般来讲,图片、视频、文字、H5 等是比较常见的表现手段。

首先,将文字图片化。即是对内容进行外观"包装",把丰富繁杂的内容换成清晰、简明的呈现形式。如今,用户每一天被大量信息疲劳轰炸。"福师大小葵"微信公众号,在图文编辑上追求把大道理化成小道理,用活泼轻松的语言将深奥的道理讲明白。尤其是在处理一些诸如"两学一做"学习教育这样的理论热点时,规避了严肃内容的盲目照搬,既可以将文字改为更加活泼的风格,又可以用动画、图片等多形式吸引大家的注意力,软化教育内容,使用户更易接受。在微博内容上,九宫格图片合理的设计使用,也是宣传的重要形式。校团委利用小葵新媒体工作室的创作力量,把文创产品搬上网络,是内容编辑上的一个亮点。比如,在普法知识的宣传中,我校将法学专业的优势与文创开发的特色结合,把枯燥的法律知识,用丰富的图文漫画形式表现出来,放到新媒体平台上二次传播,深受学生推崇,也达到了良好的教育效果。

其次,排版要赏心悦目。微博的排版更多地涉及长图文的使用,可以利用一些现成的编辑器做图文编辑,增加微博内容的多样性。在微信编辑上,将图和文字间隔进行排版,尽量精炼文字,辅之以高质量的图片,增强可读性。可以建立一个图片素材库,图片要按照时间和类型进行分类,校园风光类、人文类、人物类、活动类等。目前我校团委有一个相对专业摄影团队,一个丰富的图片素材库,随时更新,供多个平台使用。有了图片还要有火眼金睛的配图能力。图片的选择除了需要审美的基本要求,还需要符合整个平台的定位。确定公众号的主色调,善用合适的图文搭配,通过排版来体现内容的精致感,可以给整个平台加分。在排版上,微博、微信、知乎等平台体现较为明显。

最后,标题要"撩人"。在进行内容营销的时候,我们要花 60%的时间去研究标题。在选择标题中恰到好处地融入热点,借助热点本身的关注度,吸引到最大限度的受众注意,容易形成大的转发分享趋势,这是标题上借势营销的一种手法。将内容最大程度的本地化,与校园生活、切身利益相结合,但要切记不应该让热点占据了主角,本末倒置。对于内容来说,用户基本是看完标题之后才会决定是否继续点击看内容。因此,标题"撩人",内容至少就成功一半了。让标题生动的手法大概有几个:(1)热点植入。热点包括网上议论的热词、新上映的电影或者新流行的活动等。《如果师大是魔法学校,那么神奇动物的封号非他莫属》《你好,请跟我们反瘫局走一趟》这两篇微信推文正是结合了时下的电影、电视剧而拟。(2)强势词语。如"权威""干货""重磅""最新"等词语,可以吸引用户眼球,提升他们的好奇心。(3)名人效应。借用团委活动,结合福利,利用名人效应推广内容。如 2016 年福师大"大咖进校园"活动,白岩松、俞敏洪等人讲座抢票的文章均破万。(4)适当留白。特别是微信标题的设置上,可以用问号、省略号,留住一半的思考空间给用户。如《全省 36 所高校 46 支队伍明天相约师大,他们来……》《等下一场迷马,把偷拍我跑步的照片送我好吗?》等题目,把事情说一半,吊一吊用户的胃口,反而容易引起兴趣。

三、互动策略:用户即是"衣食父母"

"今天的人们不仅需要信息,也需要表达和交换信息;不但要了解和解释这个世界,也需要参与和分享这个世界;不但要把传播作为一种自身修炼的'教科书',更要把传播当成一个自身融入这个世界的方式。"[1]

从微博、微信到直播、知乎、Facebook 等新媒体平台,传播方式不断迭代,从图文到视频,从单向输出到互动问答,任何一种平台的推广离不开

---

[1] 喻国明:《互联网是一种"高维"媒介——兼论"平台型媒体"是未来媒介发展的主流模式》,载《新闻与写作》,2015 年第 2 期

与用户线上的互动。互动越多,平台与用户就越熟悉,平台的用户黏性也就越高。当粉丝积累到一定程度的时候,增长速度会越来越慢。那么,此时该如何有效地保持粉丝增长和留住现有粉丝呢?互动,是留住人,保持平台活力的关键一步,也是维护平台形象的重要一步。我校团委新媒体平台发展至今,在互动策略上,既要做到稳步涨粉,又要做到固定用户,从线上到线下,从短期到长期,由点及面,全方位网状覆盖到用户群体,从而拉近用户与平台的距离。互动策略即是解决怎么让平台"活"起来的问题。

(一)有问必答,线上取悦粉丝

网络时代,新媒体平台对所有用户来说就是一个自由、平等的空间。平台的开放性特质表现得最明显的地方为每一位粉丝、甚至是非粉丝的自由群体,都可以直接在平台评论区下进行留言,甚至转发、表达意见,这是一种彻底的交互性,用户的话语权大大地增加。因此,维护平台的交互性,这是一个平台留住用户的最重要要求,而评论可能是平台与用户最有效的一种互动功能。

目前,根据每个平台的热点,福师大团委的运营团队成立专门的"客服"队伍。安排后台值班,保证有工作人员针对用户的问题、评论等进行精品筛选与有效回复。从后台情况看,福师大团委平台的用户留言的类型大概有以下几种:

1. 咨询类

此类是对具体问题的咨询。比如,某个节假日的放假时间、补课安排,对某场活动的信息咨询等。此类关乎学生日常学习、生活等具体性事务的话题,在微博以及"青年之声"平台咨询较多。基于微博的公开属性,各式各样的社会信息都可以在微博中迅速地传播,微博下方可以随意评论。此平台的评论质量最难把控,传播速度最快,后台人员的反应速度表现得最为直观,造成舆情的可能性也最大。基于此,我校团委官方微博的后台是全天候值班的,及时回复的时间定为 15 分钟。此刻的回复,不一定是针对用户的每个问题都给出标准答案,而是第一时间给出回应,如

"这个问题我们已经看到,小编会及时了解情况,尽快给您回复"等通用话语。之后,后台人员根据问题进行归类,一般分为团委可以回答的问题和需要请教其他部处协助回答的问题。若是涉及的学校部门也已经开通官方微博,那么第一时间可以在微博上@互动,让粉丝看到有关部门的回应。我校校园"微"体系相对成熟,在微博上已经打破了部门界限,每个部门官方微博的回复已经形成常态机制,对于学生日常民生问题的回复,基本线上就能完成。而"青年之声"平台有其他先天优势——筛选问题,后台可以先将问题选择分类,最后推送到前端,给出精确回复。

2. 互动类

此类是用户看完文章后发表的感悟。有用户针对某一些文章的推送,自发在评论区留言,表示本篇推送抓到了用户的痛点,用户回复越多,表示本篇内容越成功。基于平台的定位,这类型的问题更多地出现在"福师大小葵"微信公众号下。目前,"福师大小葵"的内容较多是以图文的方式呈现,用户留言需要后台进行审核才能显示,筛选留言的唯一要求是适合大学生阅读,只要符合此唯一标准,基本都会审核通过,在前端推送。许多用户回复多是一些读后感类的文字,针对这类文字,更多的回复就是与粉丝的互动,表达对粉丝这种感悟的赞同或者发表一些同理的感悟,这是及时满足每一名用户的留言需求的表现,甚至是可以在评论区与用户进行比较轻松的互动。基于微信平台的属性,文章推出之后的 3 个小时内,留言的人是比较多的,这段时间小编能否及时回复,对用户来说是一个尊重与肯定。

3. 兴趣类

此类互动是根据平台的粉丝决定的。从团委直播平台看,直播的线上互动感最强,它的整体活动基本就是以线上互动为支撑点。它不只是单纯的活动现场的转播,更是根据用户需求可以即时改变直播角度、直播方式、直面用户的见面会。互动做得好不好,与每场直播的成功与否直接挂钩。直播涨粉的方式之一,就是互动。基于团委目前直播平台依托的是大型的文体活动,观看的人多是对内容感兴趣的,那么平台互动就很容易吸引粉丝,留住用户。当然,这个互动要求主持该场直播活动的主播们,要做好充分的准备。而兴趣类互动的代表还有知乎,从知乎的问答属性上看,偏专业化问答较多,所以学校组建的回复团队是囊括各个专业的学生团队以及专家教授,我们会针对问题的内容,启动不同的团队回答,整合最优答案。

(二)策划活动,线下吸引粉丝

活动策划是平台与粉丝互动最常用也是最实用的手段。新媒体平台绝不是单纯地存在于虚拟网络,尤其是作为高校的新媒体平台,我们的主要用户是实实在在的在校学生,所以举办各式各样的,学生感兴趣的活动,进行线下互动,真正做到"从学生中来,到学生中去"是必不可少的。运营者不可能选择一直待在电视里、网络中,你需要一些实际的线下活动增强真实度,快速地提高人气,让用户有实实在在的参与感。

目前,我校团委依托校园文化活动这一得天独厚的资源,也可以使其成为新媒体平台活动策划的近水楼台。当然,活动主题要根据平台定位来设计,必须要有好的时机、好的玩法、好的推广,还有适当的福利,才可以吸引众多的粉丝,建立良好的平台形象。目前,福建师大新媒体平台互动活动大概有以下几类:

1. 报名类活动

报名类活动一般是在主题性活动基础上,在线上开展的互动形式。以我校团委微博和微信为例,报名类活动更多是基于团委的线下活动开展,如果要搬上线上,必须要考虑到活动的吸引力、可覆盖的人群以及线上的技术可行性等因素,最后要达到扩大传统活动声势的效果。第一,评估现有资源,借船出海,力求共赢。福建师范大学"书记早餐会""校长与青年学生面对面"是学校学生会搭建师生沟通桥梁、参与学校服务的品牌活动,在学生中有较大的影响力。校团委充分发挥线上平台的作用,在微博、微信发起组织报名,并线上收集提案,参与者十分踊跃,不仅推广了活动,也增加平台的权威性和公信力。第二,为主题加"料",旧瓶装新酒。在文体活动上,团中央"走下网络、走出宿舍、走向操场"主题活动已经开展多年,线下活动形式大同小异,2017 年,@ 福建师范大学团委微博和"福师大小葵"微信公众号共同发起的 5 月"反瘫行动",在文案选择上借用热播剧《人民的名义》创新活动的推广方法,采用线上接力刷活动步数,实时显示名次等方法,一推出就吸引了校内外许多粉丝的关注。

2. 投票类活动

如果说报名类活动除了吸粉,还具有主题教育的功能,那么投票类活动则是引爆粉丝、活跃僵尸粉最直接粗暴的方式。以微信公众号为例,对于一个高校团委的官微而言,要做出"10 万 +"阅读量的内容是一件非常难的事,除了天时地利人和,还需要那么一点运气。按照 10% 阅读量的比例,破万的阅读量的文章也需要大概 10 万粉丝的基数。基于这些情况,投票类活动对微信公众号来说应该是创造阅读量最直接的方式,当然随之而来是涨粉,平台黏性的提高。目前,我校投票类活动基本是相关校级层面品牌性项目,如"学校自强之星""年度学生人物""校园十佳歌手赛"。但是投票的展示方式多种多样,如十佳歌手,以盲听形式来展示歌手;十佳志愿者评选,则票选最美志愿者,并不是为投票而投票。目前,我们的运营平台在互推中打出了较好的配合。微信公众号内容在投票的当下一定会创造出一个特定时间点的热门话题,此时微博线上发起互动话题,可以扩大整个活动的影响。当然在活动推广过程中,要注意以榜样宣传为主体,投票只是宣传的一种方式,投票活动也不宜过多,否则会产生反效果,影响平台形象。

3. 福利性活动

活动是否能吸引到粉丝参与还与一个因素有关,就是福利。那么,针对高校学生用户,在福利上的设置,既要有趣又要有新意,要有足够的"魅力",追求精品活动。新媒体平台的福利性活动最好结合主题教育,尤其是官方平台,千万不要为了活动而活动,为了福利而福利。这里又不得不以微博为例,基于微博可以转发点赞送福利的方式,除了活动送奖品之外,@ 福建师范大学团委微博每月会结合话题引导设置固定的福利帖,让粉丝有期待,让回馈粉丝的活动形成常态。而在微信公众号中,做福利性活动要注意诱导性分享的限制,避免做"无用功"。从福师大平台看,以"大咖进校园"为主题的抢票类活动在推广上是最不费力的。

直播就是在线下互动中进行线上互动,你可能上一秒还在直播中留言,下一秒就出现在直播的镜头里。据统计直播的观看粉丝有半数其实都是参与活动的线下人群,他们好奇从另一个角度是怎样看待这场活动的,自己是否有入镜等问题。在线下直播现场通过抽奖等互动,这样,才能真正让粉丝保留下来。2017年元旦,我校传统大型晚会元旦嘉年华,在直播过程中,现场采访观众以及直播进宿舍送礼包等活动,拉近了平台与观众的距离。

第三节　平台成功的维度:态度、黏度、温度

福建师范大学新媒体平台的成功运营不仅得益于策略的有效应用,而且离不开网络时代新媒体背景下网络平台思想政治教育工作的创新,以及思想政治教育工作触角的延伸。福建师范大学新媒体阵地建设在不断创新中发展特色,在形成特色中推动创新,逐渐打造出多元新媒体平台阵地,成为我校思想政治教育工作的展示窗口,向广大青年学生传播社会主义核心价值观,传递正能量,引领青年学生思潮。

一、坚持态度:主流价值的有效传导

(一)优化教育内容是根本

习近平总书记在主持召开中央深改组会议时强调,供给侧改革必须突出重点,对准焦距,找准穴位,击中要害,让广大人民群众在改革中有更多"获得感"。对于思想政治教育工作而言,以学生为导向,增强内容供给,突出学生在受教育过程中的获得感。思想政治教育实效性不足,并非传递的价值有问题,而是表达价值的方式不尽合理,没有把中国故事说

好、说透,说得喜闻乐见。① 大学生置身信息茧房②,有价值的知识供给严重不足。而我们的供给方式,也必须告别"呆板",追求"有趣",提供更为生动的场景接入,从而用优质的知识供给和价值服务来引领青年实现自我发展。

为着力解决主流价值脱离青年学生的突出问题,增强学生在思想政治教育中的获得感,福建师范大学团委在新媒体平台上策划展播了《"不忘初心 继续前进"的背后深意》《五大发展理念领航中国梦》《习近平的"健康中国"策》等10组动画、漫画作品,阐释新理念新思想新战略的时代背景、重大意义、核心要义、精神实质和科学内涵。同时,不断挖掘校园文化、红色文化和优秀传统文化中潜藏的社会主义核心价值观教育题材和内容,发布了《小葵说社会主义核心价值观》《小葵说孝之青年行动准则》《福建红色历史名人》等560余件文创产品,作品坚持弘扬主旋律,传播正能量,不断将社会主义核心价值观学习教育活动引向深入,增强学生在主流价值传导中的"获得感",让网络阵地飘扬起红色的旗帜,让主流价值成为平台建设的不竭源泉和根本动力。

(二)创新传播形式是关键

高校网络思想引领的关键在于校园网络平台舆论场的建构,它不是简单地通过一个具体的媒体平台进行"有效覆盖",简单地以为"思想政治教育 + 互联网平台"就是当今环境的思想引领模式升级,而是要真正借助"互联网 +"的思维,重构我们的沟通法则。互联网思维的核心是用户至上的思维。互联网思维追求"快",不顺应潮流及时跟进,阵地建设就会变成一个多余的负累。互联网思维追求"准",如果我们不能精准定

---

① 包雷晶:《论社交媒体环境下网络思想政治教育的有效性》,载《思想理论教育》,2017年第3期,第79 – 82页。

② "信息茧房"(Information Cocoons)也称"信息茧室",这个概念是由奥巴马总统的法律顾问、哈佛大学法学院教授凯斯·桑斯坦提出的。他认为,信息传播中,因公众自身的信息需求并非全方位的,公众只注意自己选择的东西和使自己愉悦的通讯领域,久而久之,会将自身桎梏于像蚕茧一般的"茧房"中。

位大学生的需求,就无法提供与之匹配的内容与服务,并施加影响。因此,在了解学生群体的所思、所想、所惑,专注于构建我们与大学生沟通的语境,致力于为大学生提供更优质服务的同时,还要运用正确的媒介接触方式和表现方法,把所要引导的主流价值传递给大学生。

在非智能手机时代,福建师范大学团委已经开始尝试利用手机终端定期发送"校园手机报",将时政热点、团学动态以"一对一精准到点"的方式向全校团支书及以上团干推送图文并茂的"校园手机报"。一条彩信所承载的不只是简单几条讯息,更是创新媒介应用和表现形式的探索与尝试,在精准传达主流价值的同时拉近与青年团干的距离。

而进入新媒体时代后,微博等自媒体平台可以承载文字、图片、视频、链接等多样的表现形式,主流价值传递中的趣味性、通俗化与便捷性成为可能。福建师范大学创新制作了《社会主义核心价值观》沙画视频、《小葵说孝》漫画、《小葵带你唱团歌》视频、《小葵入团记》漫画集等作品,主流价值传递形式实现了借力打力,从僵化保守向活泼多样转变。同样的"食材"借用"新媒体"创新烹饪方式,呈现给青年学生的不再是无法挑选的规定饮食,而是多种多样的"自助 buffet",在保证营养的同时让学生"大快朵颐"。因此,互联网载体的创新是技术进步带来的客观结果,如何在"人潮涌动"的创新载体中实现主流价值传播形式的创新是高校网络思想政治工作的题中之义。

(三)关注传播效果是重点

移动互联时代,我们的青年比任何一个时代都更难接触,因为他们有更多的声音、想法与选择;与此同时,我们的青年又比任何一个时代都更好接触,因为互联网上集聚着最多的年轻人,他们的社交参与与信息获得都在网络上。因此,互联网的发声效果及影响力将远大于传统媒介。2016 年 11 月,中国高校传媒联盟发布《2016 年中国高校校园媒体发展报告》数据显示,微信公众号、校园广播和报纸仍是校园媒体的主要形态,但就传播影响力而言,占据移动端的微信公众号明显强于广播和报纸。以微信为例,微信粉丝数量的多少决定了校园公众号的受关注程度与受欢迎程度,而文章的阅读量则决定了传播的影响力。如果微信公众号仅仅是一个信息发布窗口,对于学生而言,可能只是将通知从网页版变成了移动终端版,很难唤起学生的阅读兴趣与社交行为。只有当文章通过分享、评论、观看等方式进入到学生的朋友圈,思想政治教育的影响力才能真正地附加到传播渠道中。

在网络舆论生态纷繁复杂的局面下,发声效果的好坏不仅取决于粉丝数量的多少与阅读量的高低,更取决于主流价值能否得到正确的传播。忽视了主流价值的发声效果,其结果无异于缘木求鱼、刻舟求剑。有别于照本宣科的教育引导,依托于线下的青年理论研读俱乐部,福建师范大学充分发挥思政专家团队以及学生成员的作用,一方面开设网络思政专栏,推送"理论热点面对面"等优质内容,主动将经典理论学习与新媒体相融合,实现线上线下同步开展"读、诵、研、讲、宣"活动;另一方面,在平台阵地上潜水发声,在线上围绕一些青年学生关心的核心问题进行键对键答疑解惑,通过权威而专业的释疑,提升青年学生对于平台的信任,进而走进平台、使用平台、转发平台,让主流价值的声音真正地附加于传播渠道中。

二、提升粘度:互联网思维的实践运用

（一）搭好平台:阵地建设无死角

新媒体平台的出现,打破了原有的人际交往模式以及传统意义上的时空限制,使得人与人之间全时空、全覆盖、多平台的互动交往成为可能。以微信为例,根据腾讯今年3月发布的2016年版《微信数据化报告》显示,94%的用户每天登陆,61%的用户每天打开微信超过十次,每天超过30次的重度用户占36%。《2017微信用户＆生态研究报告》显示,截止到2016年12月微信全球共计8.89亿月活用户,微信作为一个社交沟通工具,近年来整体关系已经从熟人社交向"泛社交"转变。青年学生是新兴技术的尝鲜者,是网络社会的弄潮儿,他们往往同时掌握、使用着多种网络社交工具,更容易接受新兴社交平台。

福建师范大学团委迎合"青年在网上"的趋势,先后开设了手机报、微博、微信、微邦、一直播、知乎、易班、QQ 空间、腾讯视频以及 Facebook、Twitter 等账号,率先抢占网络平台,守好网络阵地。目前,福建师范大学团委新媒体平台基本覆盖了现有各类网络社交平台,各大平台吸引用户(粉丝)数量约为 77 万余人次。多元平台阵地的建设拓展了网络思想政治教育的空间,扩大了教育的覆盖面,促进了不同师生、不同部门以及对外的联系,打破了传统校内沟通交流不畅的固化状态,更好地凝聚青年力量,提升教育的影响力与覆盖面,做到网络阵地建设无死角。

(二)吸引学生:平台接触零距离

圈层性是指在网络交往中基于一定的共同兴趣爱好、共同审美情趣、共同价值观念所形成的交往圈子,这与传统意义上的以血亲关系、利益关系为基础的社会关系不同。网络圈层一般是半开放半封闭状态,特定的圈层都有自己的特点。[①] 人们往往会认为圈层切割了网民群体,使得网络社会日益分化,甚至会把网络中非主流的内容沉淀保存下来,隔绝主流价值观念。然而,青年学生的网络圈层具有一定的共性,这恰恰是开展网络思想政治教育的突破口,也是建立好网络平台的有利契机。以网络语言为例,网络语言的使用从早期的火星文到如今的"表情包大战",都是青年网络语言在不同时期的特色。它用形象、夸张的形式表达了态度与观点,或幽默、或正经、或讽刺,具有"只可意会不可言传"的语境,让网络交流变得生动有趣,掌握了青年的网络语言,融入青年学生的圈层就容易得多。

然而,无论是怎样的网络圈层,都无法跳脱互联网便捷性的特点,不仅表现在网络交往的便捷,实现零障碍、全天候、收发一体的交流模式,更表现在信息的共享与生活的便利。外卖、共享单车等新型生活方式在高校的普及凸显出青年学生求快图鲜的特性。平台的建设在实现便捷性

[①] 骆郁廷,高飞:《论思想互动微交往》,载《中国高校社会科学》,2016 年第 5 期,第 48 - 54 页。

上,应当做好各个平台的细节运营,特别是常用栏目的维护。例如,@ 福建师范大学团委微博在粉丝服务菜单中,开设了"葵在师大"(衣、食、住、行、医)和"小葵名片"栏目。"福师大小葵"微信菜单栏开设"查询"(图书馆、自习室、快递、校园地图等)、"校园服务"等栏目,后台回复关键字亦能获得相应的资讯。因此,要迎合青年学生的节奏与需求,新媒体平台阵地的建设必须抢先实现便捷性,才能得到青年学生的青睐与喜爱,从而避免其它"假官方账号"借此趁虚而入,影响校园网络生态。

(三)全面互动:多元平台不落单

网络平台阵地的建设使得网络思想政治教育工作的交互性与共享性进一步加深,打破了传统思想政治教育在时空与维度上的限制,密切了与学生的联系沟通,使得思想政治教育有效性的提升成为可能。在以往思想政治教育的过程中,教育活动具有一定的单向性和封闭性,或是无法按照新媒体的运营规律让平台阵地"为我所用",造成教育互动不足,进而影响主体的参与积极性,使得主动引导能力、有效性削弱。福建师范大学团委新媒体阵地的建设在充分研判新媒体发展规律与用户群体特性的基础上,变单向单一线性模式为多向多元网状模式,建立了线上多层矩阵,不断加强与青年学生、各级组织的相互联系与相互作用,增强教育主体的参与积极性,让整个校园新媒体范围活泛起来。

在增强互动的同时,平台阵地应可以实现信息、经验的共享:首先,平台与用户之间的共享。多元平台的运营其目标群体与平台定位存在差别,需要有针对性地制定策略,更好地发挥平台特性与育人效果。后台回复就是信息共享的一个重要环节。在后台回复中,要好好把握这三点:一是要注意回复的"黄金时间"。正如本章第二节所言,我校团委各大平台都严格规定了回复时间,及时回应学生需求。二是要配强后台回复队伍。针对不同平台、不同类型的问题和诉求,挑选政治素质过硬、热心校园事务、奉献服务意识强、有一定新媒体素养的学生作为后台值班人员,提升沟通效果。三是要保证专业性与权威性。在关键问题上凸显官方平台的优势,提升平台可信度。有效的互动是增进平台与用户情感的重要渠道,要充分利用每一个与青年学生交流共享的机会,增进学生对平台的信任与喜爱。其次,用户之间的共享。通过管理与引导好平台阵地的评论区,搭建一个健康有序的线上沟通平台,塑造有校园风格的网络舆论氛围。最后,平台之间的共享。对于大型校园活动、有影响力的节庆活动,以小葵工作室(福建师范大学新媒体运营中心)为核心,各平台同时组织线上联动,扩大活动影响力,增强教育效果。

三、保持温度:增强亲切感与归属感

(一)科学设置议题

平台议题设置好似商品标签,其趣味性、互动性的程度,决定着学生是否愿意前来聚焦、表达、沟通、交流,也是衡量平台阵地能否正确把握时代脉搏与学生动态的直观表现。校园平台阵地在议题设置上应当做到:一是议题设置要抓眼球,议题设置要立足社会热点与校园实际,紧紧围绕学生的关注点设置有普遍性、创新性的议题,并尽可能用网络语言或近期热点词汇表达出来,吸引青年学生,引导其参与到微交往中,让平台阵地的面貌富有活力。二是议题设置要接地气,平台阵地的建设不应束之高阁,营造阳春白雪的优越感与距离感,应与青年学生的日常生活与思想脉动紧密相连,多增加一些生活气息、诉求表达与日常感情,引发共鸣与热情,增进思想认知与价值共识,从而提升主动性与互动性。三是议题设置要跟潮流,紧跟潮流是指议题的设置要动态发展。高校学生里组织机构设置、学生群体相对固定,新生季、毕业季都是每年高校的重要活动,同样的一个话题策划难以年年适用。因此,要把握学生群体的变化特点,结合热点策划一些有学校特色、有群体特征的话题。四是议题设置要有正确导向,网络平台是真善美与假丑恶并行交织在一起,信息互相交流、激荡,议题的设置应当有的放矢,坚持思想引领为先,帮助青年学生在网络平台中提高分析、辨别与选择的能力。福建师范大学团委平台曾策划设置了"国庆勿忘公祭日""我与国庆合个影""光盘行动""日行一孝"等议题活动,反响良好。因此,要坚持正确的价值导向,坚持弘扬主旋律,不因将就

网络底线而博取眼球，失去平台阵地原本的功能与原则。

（二）融入校园生活

以本校学生用户群体为主的高校平台阵地建设，应当坚持立足于解决本校学生的基本诉求、传递青年学生的声音、维护好青年学生的具体利益。始终把服务学生作为工作的出发点和落脚点，将校园新媒体建设成服务于青年学生成长、解决青年学生实际困难、具有平台特色的多元阵地，在青年学生生活中占据一席之地。在解决学生诉求的同时，积极发声，在日常服务中了解青年思潮，引领青年学生思想。

校园生活的四大方面内容比较容易引起学生的共鸣：一是学校发展大事，在事关学校发展的重大事件上，如校庆、学科排名、参与重特大服务活动等，青年学生有着很高的互动参与热情。2015 年 10 月，福建师范大学团委推送的一篇"青春青运丨师大抢镜央视，我们拼的是什么？颜值！"。时值福建师范大学学生参与第一届青运会开幕式及赛会志愿服务，当天就获得"2 万＋"的阅读量，第一时间引起强烈反响。由此可以看出，青年学生对学校的发展大事一直保持着很高的关注度与热情，要珍惜与爱护青年学生对学校的感情，及时分享学校发展大事，青年学生会自觉转发评论至自己的社交平台，扩大事件影响力，提升青年学生的自信心与自豪感。二是校园新鲜资讯，大学校园最不缺的便是新鲜事、好奇事、特别事，要及时把握和捕捉校园里新鲜资讯，小到校园环境的细小变化，大到校园活动的通知预告，都可能引起青年学生的喜爱与热情参与。小葵微信曾推送一篇"我校食堂新增刀削面机器人""食堂翻新"的推文，短时间内都实现了破万的阅读量，受到学生的热烈追捧。因此，要把握好青年学生的喜好与关注点，立身校园，立足学生，利用好新媒体平台，随时随地分享校园点滴，向青年学生传递校园朝气勃发、青春向上的讯息，才能充分激发学生的参与热情，达到育人效果。三是学生问题解答，切实维护好学生利益是高校建设与发展的关键议题，投射于平台建设，即要充分利用新媒体平台进一步密切与学生的联系，解决学生具体而实际的困难，补齐传统学生诉求反馈渠道的不足。福建师范大学团委新媒体平台先后开设

"你的声音我在意""平安师大""新鲜人守护计划"等栏目,提供解答疑问、解决困难、交流想法、反映问题等帮助,认真倾听学生诉求,积极反馈学生意见,从细微处切实维护好学生的实际利益,为学生带来实实在在的、可见的、可感的帮助,不断提升平台在青年学生中的认可度与美誉度。四是校园历史人文,每一所高校都有许多可供挖掘的故事与历史。以福建师范大学为例,福建师范大学是一所由末代帝师陈宝琛创办的百年老校,有着悠久的历史和深厚的人文底蕴,仓旗两地,新老校区,为平台阵地建设提供许多丰富而宝贵的素材,微信曾推出"师大学院系列""师大人专栏",广受好评。要充分挖掘学校历史与学校特色,唤起青年学生的爱校情怀,增进其荣校情感,同时达到扩大学校影响力的效果。

(三)坚持品牌引领

品牌意识是打造特色高校新媒体的核心。新媒体平台阵地出现后,结合校地特色打造新媒体品牌,扩大其影响力有着不可比拟的优势。利用品牌特色打造全新校园新媒体格局,是福建师范大学新媒体发展立足的重要因素。首先,形象植入促进品牌连锁反应。福建师范大学团委现有的新媒体成就离不开一个形象——"小葵"。"小葵"形象在各平台的植入,使得福建师范大学团委的新媒体平台品牌特色更加鲜明。一定意义上,小葵已经成为福师大团委新媒体品牌的代名词。无论是微博、微信、知乎,或是直播平台,小葵的核心用户即平台的核心用户。青年学生喜爱品牌形象,自然会主动地使用、分享和传播平台。一个形象带动多个平台,从而产生品牌效应,带动一系列良性连锁反应。其次,平台互推助力品牌推广。要充分利用多元平台的优势,凝聚平台力量,助力品牌推广。福建师范大学团委现有主推平台5个,辅助平台6个,在大型活动的统筹与策应上能够很好地发挥相关平台的优势,通过大型活动的开展,进一步扩大品牌影响力。2015年9月,福建师范大学团委策划开展"校园迷你马拉松活动",邀请影视明星李晨作为活动佳宾。相关平台充分利用明星效应进行品牌推广,微博及时转发评论,微信结合活动送出小葵运动装备,短时间内两个平台都创造出新的热点。明星效应、平台互推加上核心用户助力，团委的微博和微信平台得到进一步推广。因此要扎实做好平台的运营与维护，确定好平台定位，利用平台成为彼此的"逗哏"与"捧哏"，才能实现品牌综合实力的叠加。最后，双线互动推动品牌落地。新媒体平台的阵地虽在线上，但也要扎根于线下。换言之，高校新媒体平台要积极推动新媒体品牌走进学生，落地生根，让品牌可感、可见。地推活动是吸引高校新媒体品牌落地的有效途径。以"12·3小葵生日会"为例，福建师范大学团委连续三年举办地推活动，利用平台抽奖、送祝福等形式邀请学生参加小葵生日晚会。切蛋糕、送礼物、趣味游戏等贴心的环节设计，让小葵形象更加真实、更加亲切、更加可感。高校新媒体品牌若只专注于线上，犹如高空走钢丝，强风袭来难以招架，遑论品牌打造。因此，要立足双线，留住老用户，长期吸引新客户，发展核心用户，利用品牌效应，进而推广所有平台。

第二章

形象打造：赋能思政教育新战略

形象策划的历史渊源可以追溯到古代的军事行动。在战场上为区别敌我，往往都有统一着装、标志和旗帜，目的是一致对敌，振奋军队成员士气，形成认同感以增加信心。在新媒体时代，信息的广泛传播让受众应接不暇，所以我校团委也在进一步思考如何构建自身兼具内涵与外延的形象，抢占粉丝"大脑的占有率"，①不断维续粉丝的"黏性"，确保粉丝在众多的新媒体平台中对我们"情有独钟"。

第一节　寻找代言：喧嚣时代更需统一发声

经过一年多微博平台的运营，2012 年 11 月 1 日，学校成立福建师范大学微博管理服务中心，旨在系统化、团队化、精细化地进行微博平台建设。有了阵地之后接下来就必须进一步思考如何开展阵地建设。所以要想利用新媒体开展思想政治教育，校团委必须推动自身形象的吸引力，使形象承载的价值观逐渐被接受和趋同。

阵地建设的核心问题便是：官方平台应该如何做，才能真正获得学生意，赢得学生心？这一工作困扰一直促使新媒体团队不断进行新的尝试。

---

① 刘国华：《品牌形象论》，人民邮电出版社 2015 年 4 月版。

正是在曲折的探索之路中，经过一次次的"尝试—调整"，才使我们最终确定"小葵"作为代言人，以转变我校团委的工作风格。

一、官方发声力不从心

长期以来，共青团留给大学生的印象往往停留在举办学校文体活动、学科竞赛、团日活动、学生干部培养等，而且常常以校官方组织的"姿态"由上而下地组织活动，"发号施令"，学生总认为共青团只会下命令、说空话，其活动、相关行为都是在完成自身的宣传和政治任务，并非替学生说话。这些刻板印象早已深深烙印在学生心里，给我校团委新媒体工作带来不少"麻烦"。在经历一年多实践后，校团委微博平台虽已为自己积累了不少粉丝，但是在运用新媒体"引导学生、教育学生"方面效果却一直不尽如人意。当我们试图运用新媒体拉近与学生的距离时，便仿佛陷入了"塔西佗陷阱"，无论我们在微博上发布什么信息，开通什么话题，学生都习惯性地认为无非是团委工作阵地的转移，但是在内容、形式、风格等方面一定还是延续了以往"权威式"的话语主导权。距离拉不近，学生自然提不起兴趣，造成了微博平台中互动少、参与度低的窘况。所以我们便开始思考转变作风，用学生喜于接受的、清新活泼的话语方式塑造团委亲和的形象，转变团委在学生心中的印象，从而打动学生。

二、官方卖萌境地尴尬

距离拉不进，引领便发挥不了作用。校团委微博在转变作风的道路中想到时下吸引年轻粉丝最有效的方式之一——"卖萌"。所以我们逐渐开始转变微博文风，使用最新流行的网络词语代替一板一眼的官方话语，并试图用大量可爱、讨巧的表情迎合学生，希望用这一方式拉近与学生的距离，让学生感觉校团委和他们一样是"年轻、时尚"的，与他们有共同的兴趣点和话语方式，并希望通过微博形象的转变扭转校团委在学生心中的刻板印象。但是学生对这一话风的突然改变似乎并不买账，不少学生认为团委的卖萌过于夸张，显得"矫情"，甚至有学生认为团委一味迎合学生,丢失了自身风格,与校团委教育引导、宣传正能量的定位格格不入。

这些意见让我们进行深入反思,思考如何在坚持自身与投学生所好之间做到科学平衡？我们发现,团委微博始终是以官方身份发生的平台,若其完全迎合学生,便与自身的定位不相符,也会逐渐失去自身话语的权威性。我们认为,转变风格有一个循序渐进的过程,不可一开始便走到另一个极端,要在阵地的建设中逐步转变,让学生在点滴中慢慢接受团委的工作理念和思想。于是,我们便有了寻找一个形象"替代者"的思路,找到一个能为校团委发声的"代言人",实现从"官方组织"—"形象代言人"—"青年学生"的对话。如此一来,校团委可将官方组织的宗旨和理念通过学生易于接受的话语方式赋予在代言人身上,通过代言人传递给学生;而学生也可通过代言人向团委反映自己的诉求和需要。如此一来,既实现了团委风格的转变,又避免了"有失身份"的尴尬,真正实现组织与学生的对话。

三、平台更迭亟需沉淀

在新媒体时代下,无论一个平台如何被运营和传播,都必须形成相对稳定的定位、形态和品质,否则,在信息大爆炸和注意力极度分散的新媒体环境下,缺乏稳定性的品牌都不能称之为真正意义上的品牌,最终都会昙花一现,而被新的"浪潮"淹没。校团委在建立新媒体阵地的工作设想中,通过不同的平台定位和品牌打造,全面铺设以微博、微信、微视等多种新媒体为平台的工作方式。但是越来越多的平台相继出现,从用户体验上讲,容易造成粉丝身份的混淆——微博是校团委的平台,那微信也是吗？为了避免粉丝认为我们的平台是"打一枪放一炮"的闪电战,我们亟需在众多平台中找到一个共同的连接点,串联起各个平台,达成统一的目标共识,就像在战场上统一着装、标志和旗帜,以便受众能够清晰地聚焦诸多平台背后共同的组织者和主导者——校团委。所以我们再次确定了借用广告营销中"代言人"的思路,通过以统一的"形象代言人"作为众多平台的发言人，这一形象既承担了校团委的形象，又能以新的身份向学生展现不同的风格和面貌。同时，通过代言人的"凝聚"，我们可以将众多的新媒体平台连成一体，把微博已经吸引的受众联结至微信、微视等平台中，如此一来，不同平台的"粉丝"互相影响，形成粉丝合力，"圈层"出属于校团委的忠实粉丝圈，凝聚出一波青年学生的人心力量。

第二节　形象塑造：无微不至方能赢得人心

新媒体环境下，高识别度、统一性、高频的形象代言人才能牢牢抓住受众的眼球并打下烙印。广告学认为，形象代言人是品牌文化基因的人格化，与品牌形象息息相关。形象代言人如果与品牌形象不相符，就会造成品牌形象的稀释。所以，代言人的创造也不是信手拈来的，它需要与校团委的工作特质具有同一性，即实现代言人既要凝聚福建师范大学的文化内涵，同时积淀着校团委新媒体工作的理念。

一、赋能小葵：成长路上的好伙伴

形象代言人的统一性要求形象代言人的打造要在完整的时空中传递一致的形象内涵。所以，要从形式上与内容上塑造统一的定位、品质。新媒体时代下，具有良好亲和力和传播力的卡通形象代言人能够赢得年轻人青睐，引起广泛关注，从而有利于推进新媒体平台的有效运转，拉近与粉丝、用户的距离，树立自身形象。

（一）小葵形象"新鲜出炉"

形象代言人的高识别度要求形象要有美观度和差异化。设计随意性强、缺乏美感或过于花哨的形象都无法赢得受众的喜爱。校团委创造代言人的目的是为了转变团委形象，赢得学生欢迎，那么就不能"闭门造车"，按照自己的设想设计代言人，要广泛发挥学生群体的力量，征求学生群体的意见，将他们喜爱的元素融进"代言人"的设计中。于是，校团委面向全校师生征集代言人，"福师大小葵"正式诞生，成为学校网络卡通形象。外形可爱固然是基础，但是一个成功的代言人形象除了清新的外形外，还应该具有符合校团委工作理念和学校文化底蕴的内涵。取名"小葵"得源于她是以"向日葵"作为原型设计的，向日葵不仅外形积极向上，而且还与我们学校、共青团的工作内涵相一致。

首先，小葵象征光明与正能量。许多青年学生沉迷网络，过度推崇网络的力量，导致网络空间出现撒谎、暴力、孤独、空虚等心理问题和不良风气。所以，以阳光和向日葵为原型，正是因为向日葵是向往光明之花，象征着爱、健康、快乐、活力，追求积极的正能量。我们希望小葵清新可爱的形象能够被广大师生接受并喜爱，从而让小葵在新媒体上播撒、传递阳光的青春正能量，"把脸朝向阳光，把阴影抛诸脑后"，让小葵不遗余力地营造和谐健康的校园氛围，创造清朗美好的网络思想政治教育环境。

其次，小葵象征忠诚与爱国心。除了将小葵与网络空间营造结合外，在打造小葵形象时，还需格外注重其与我校的历史文化相契合。选择向日葵作为原型的第二重含义是因为向日葵是我校创办人陈宝琛喜爱的植物之一。历史上，在外敌入侵、家国破碎的时刻，陈宝琛先生以"园葵不拔表倾阳""未死葵心总向阳"等诗句，表达忠贞爱国之心。所以我们将宝琛先生寄寓向日葵所表现的忠诚与爱国之心寄予小葵，希望小葵能够传承和继承陈宝琛先生的血脉和风骨，向师大青年学生传递忠贞的爱国之情。

再次，小葵象征理想与凝聚力。向日葵又名朝阳花，永远朝着太阳。所以我们还希望通过向日葵的象征意义，赋予小葵共青团的理念和宗旨，代表师大青年师生心向太阳、心向党。我们的设计让小葵在胸前佩戴栩栩如生的团徽，更强化小葵作为福建师范大学共青团工作的代言人，时刻谨记团的理念和宗旨——"党有号召，团有行动"的光荣传统。

通过形象的打造和内涵的赋予，我们希望小葵将"爱·忠诚·理想"扛在肩上，她是正能量的象征，传承着百年师大的精神血脉。我们要让小葵成为师大青年的榜样与伙伴，与师大青年一起心存爱国情、拥护团的号召,守护着学校的繁荣发展。

（二）小葵形象"无处不在"

小葵作为新媒体时代校团委的网络卡通形象,要转变以往命令式、强制性的口吻,使用同学们喜闻乐见的形式、活泼有爱的风格,适当引用时下网络流行语。逐渐地,小葵凭借活泼的话语风格深受学生的喜爱,为自己攒了不少粉丝。而高频则是在实现高识别和统一后的必然结果,即受众无论在任何一个渠道接触形象代言人,都能够完整地识别出整个形象,从而通过传播和服务的流通,自然而然地提高曝光度和被识别的频率。形象代言人既是一种传播信源,同时又被当成一种传播信息。它是靠"参与"各种行动本身作用于受众的,而它的名气就是保证其能够扮演这一角色的条件。小葵"亲和、乐观、温暖"的个性设计和可爱、活泼的外形,非常符合新媒体运营的特点。使用小葵卡通形象代言人,就像广告使用明星代言人是看中明星的知名度和媒体曝光率一样,要想让小葵深入人心,也需要不断增加它的知名度,保证它的专属性和稳定性,让它在受众的脑海中潜意识地存在,从而建立意义联想。所以,把握代言人"亮相"的频率是关键。从小葵形象代言人正式出炉后,所有微博内容都以小葵名义发布,平均每天发布3至4条微博消息。

此外,通过活动设计,小葵实体形象还出现在校团委各大学生活动中,通过融入学生活动,走进学生队伍之中。以2013年全年为例,小葵名字出现在微博平台上约1000次,小葵以小公仔、人偶、徽章等文化产品形式出现各类活动现场约170次。这样连续的"亮相",其效果好比投放广告,就像给花浇水,尽管初期效果并不明显,但是日积月累,长期坚持就能提供必备的养分。

把握代言人"出现"的分散性也很关键。如同广告需要将各个频道、各个时间段组合起来,进行统一式的宣传一样,在小葵的"名气打造"的过程中,让小葵出现在微博、微信、微视、易班、线下活动等多个传播渠道中,打破小葵单一化、扁平式的话语形象,更制造了一个小葵无处不在的文化环境。如此一来,小葵深入到学生可以接触的方方面面,融入至学生生活的点点滴滴,小葵就像学生的同学、舍友一样陪伴大家度过大学生生活的每一天。

二、用心服务:追梦途中的贴心人

形象主要分为两部分组成:外在形象和内在形象。外在形象是可见的,表征的;内在形象是不可见的,本质的。受众通过视觉等感官直接感受到的称外在形象,但是只有以品质、内涵等内在形象打动受众,才能真正走进受众内心,赢得认可。以外在形象融入学生生活,只是以陪伴的方式在浅层次上获得欢迎,要想真正赢得学生心,就必须深入服务学生的学习、生活、情感等各个方面,解决学生问题,才能真正成为学生成长的知心朋友。为此,根据学生需求和长期服务经验积累,小葵在新媒体平台上,打造了"八大服务工程":思想引领、创新创业、公益志愿、提案落实、学霸养成、文艺修身、运动健身、失物招领,全方位致力于为学生日常提供全方面的服务。

(一)以小见大、引人向上,构建失物招领平台

通过微博、微信搭建失物招领平台,小葵接收各类失物,并通过新媒体平台发布失物启事、招领启事。该平台为校内 80% 的失物找到了失主。另外,如失物在信息发布一个月内无人认领,将进行公益拍卖,并以所得成立"西部爱心助学金",帮助西部儿童。拾到者还可获得相应勋章。一学年下来,小葵就发布失物招领信息 2000 余条,帮助许多学生找回了丢失的物品。平台虽小,但点滴善念、举手之劳更能引人行善向善。

(二)以生为本、倡导学风,打造学霸养成计划

小葵将话题热点聚焦于专业学习、兴趣培养、学术科研和就业创业四个方面。邀请外国语学院师生推出英语四六级半年过关教程,每日以微博、微信推送学习材料,每周、每月进行线上测试,帮助同学们互帮互助,持之以恒学习英语。通过发起"我为学霸代言"、青年教师网络荐书、"青春不低头"课堂无手机班级挑战等方式,与线下丰富多彩的学术讲座、英语角、读书节等活动形成呼应,倡导优良学风。

（三）以文化人、繁荣文化，练就文艺修身工程

小葵在线上组织校级团学微博、微信定期推送文化文艺类信息，经常性地向同学们分享经典易读的书籍、文章，简单介绍名人，着力提升学生文化艺术修养。线下，小葵通过开展"高雅艺术走进学生"、散文行动等，让每位学生在大学期间培养一项艺术兴趣，养成一个阅读习惯。通过网上网下双线联动办好"文化艺术节""社团巡礼月"等活动，让青年学生真正成为繁荣校园文化的受益者

（四）以动制静、全面发展，推广运动健身行动

小葵注重兴趣导向，大力推动体育类社团建设发展，通过微博、微信、微视平台开展"我青春我运动"、评选百炼之星等活动，在全校形成人人拒做"宅一族"，人人参与体育锻炼的校园风尚。

（五）以心传心、引领新风，发扬公益志愿精神

小葵在线上线下联动开展"光盘行动""节粮、节水、节电"行动等活动，推出新媒体公益行动"爱心纸"工程，倡导全校师生以生活、办公废纸换等价文具，并由合作企业捐出"绿色基金"用于开展志愿行动。充分发挥新媒体平台在研究生西部支教团、海外汉语教学志愿者、阳光助残等公益志愿行动中的宣传、动员、扩大影响的重要作用。

（六）以力服人、打造榜样，营造创新创业风尚

小葵在线上公布创新创业政策，为学生创新创业提供咨询服务。每当学校浮现出创新创业先进个人，小葵第一时间宣传报道，传递优秀学子创新做法和创业技巧。小葵以此为牵动，为学生提供更有力的平台和资源，推动形成崇尚创新、尊重创业、宽容失败的文化环境，引导和服务青年学生创新创业。

（七）以风风人、思想感化，提供思想成长平台

小葵坚持以社会主义核心价值体系为引领，组织各级团学微博开展"十八大微学习""爱国正能量""微博话时政"等微论坛、微文化活动，用青春的语言解读，学生喜闻乐见的形式，双向、多向的交流和互动帮助学

生坚定理想信念、增强发展信心。在微博"润物细无声"地熏陶和影响下,学生独立思考、理性判断的素质得到进一步提升,校园正气得到进一步弘扬。

(八)以一打十、务求实效,落实学生提案行动

为了进一步搭建学校与学生之间有效的沟通平台,小葵通过微博向全校学生征集合理化意见,整理成提案呈送给学校各个部门。经过学校各部门的有效论证和沟通交流,提出有效解决方案。小葵同时在微博上发起报名,让学生报名参加定期举办的书记早餐会、校长面对面活动。在会上,同学们可以与校领导、各部门领导面对面交流,对能解决的问题给出落实和解决方案,对暂时无法解决的问题做出解释和说明。平台的搭建,既激发学生参与学校民主管理的热情,又促进职能部门转变作风。在2012—2017 年期间,书记早餐会、校长面对面共举办 17 期,共征集提案753 件,解决提案百余件。

经过实实在在、可感可见的服务,让学生群体中出现了"有疑问,找小葵解答;有困难,找小葵解决;有想法,找小葵交流;有问题,找小葵反映……"的心声。经过一系列的互动和体验,小葵形象逐渐贴近青年学生生活实际,深受学生信任。在逐步的认可中,小葵服务的形象内涵也深入人心。

三、激浊扬清:危机时刻的消防员

这是一个形象的时代——形象就是生产力;这是一个透明的时代——纸包不住火;这也是一个突发事件频发的时代——没有突发事件就是非常态。[1] 营销学中的"关键时刻"概念提醒我们,用户只会记住服务的关键时刻——MOT 时刻(Moment time)。平时千万次的单向信息输出的效果远不及在危机出现的关键时刻为用户提供互相交流的服务。这让我们体会到,与学生交流的每一次接触中,包含了千万个"MOT"时刻,

---

[1]　李希光:《全球传媒报告 II:公共形象与危机管理》,复旦大学出版社 2005 年 6 月版。

如果能在危机时刻,做好每一次服务,把每一个 MOT 都转化为正面的力量,那么就能化危机为转机,学生也会更加忠诚。

小葵在微博"第一线"与学生"面对面",加强了学校各职能部门与学生之间的直接联系,既有效将学校权威信息发布给广大同学,又及时倾听同学们的心声,帮助同学解决实际困难。2011 年校运会期间,学生在冒雨比赛,有人发微博抱怨:学生项目在室外举行,教师项目在室内举行,区别对待。就在微博即将被大量转发之际,一位知情的同学发微博辟谣,实际情况是群体项目在室内,单项在室外,并不是以学生或教师作为区分。校团委、学生会马上用官方微博转发,得到了广大同学的认可和信任。误会消除,原微博作者还在网络上征求意见:是否要把原微博删除,避免误解。

2012 年 8 月 28 日即将开学之际,因宿舍调整引发全校普遍性网络端口故障,同学们不能上网,微博上关于校园网的投诉接连不断。"强烈投诉""很气愤"等言语充斥着微博平台。获悉相关情况后,小葵迅速做出应急反应,多管齐下,从多方面采取有效措施:首先,联系公寓网相关负责人,告知情况,公寓网立即在微博上做出答复,为同学带来的不便表示道歉,并与学生联系,确定上门检查线路的具体时间,同时承诺网络正常后将补偿上网天数。其次,小葵将整个事件的发生、发展过程整理成专报上报,希望学校快速有效地进行处理。同时,小葵与运维部工作人员联系,将微博上收集到的各种网络故障统一上报,转发运维部的技术贴。运维部将"为何找不到服务器?""为何无法连接?"等各类解决方法在微博上公布,希望同学们能够通过帖子解决部分力所能及的问题。再次,小葵还在微博上发动社团协会的力量,组成维修"小分队",到各个宿舍进行网络维修,以民间的力量帮助运维部分担维修重任。经过小葵不断地与运维中心的沟通,耐心地与学生们进行解释,学生们的情绪渐渐平和,事件得到有效解决。

当危机发生时,小葵承担起辟谣的责任,公开面对学生,应对来自学生的质问、挑战,解除疑惑,消除谣言。经过几次危机事件的处理,我们发现,危机其实并不可怕,如果我们能够成功地化危机为转机,不仅能够快速地解决问题,而且随着事件的解决,学生觉得小葵是化解矛盾的澄清者,能够站在学生的角度为学生出谋划策,询问有关部门的意见,帮助学生和有关部门化解矛盾和误会。如此一来,小葵便在危机中进一步树立与学生站在一起的形象,逐步走进学生内心。

四、引领思想:人生方向的领航者

"共青团工作是一个塑造人的灵魂的工程,是一个为社会培养一代新型建设者的宏伟工程。"①服务学生成长不应停留在浅层的生活服务,更重要的是为学生的思想成才保驾护航。所以当小葵为学生提供系列的日常生活服务后,小葵形象逐步走进学生心中,学生将小葵作为一个成长需要的伙伴,认可小葵带给他们的思想内涵和教育内容,所以我们接下来的服务的重点便着眼于以小葵新媒体平台,为学生提供思想引领和服务的内容供给,发挥思政的力量,形成思想政治教育的合力与影响力。

（一）发挥思政队伍力量

小葵打破固有思想政治教育阶段性、强制性的模式,将思想政治教育的学习融进学生日常生活。除了日常及时传播党和政府的主流声音、国内外重大时事、相关政策动态等热点新闻,再经过裂变式转发评论,引发时政学习热潮外,通过聘请思政工作者、教学名师、理论名家以及辅导员在网上经常潜潜水、发发声,融入学生朋友圈,了解学生所思所愿,开展面对面传授知识,键对键答疑解惑,从而形成上下一致、口径统一的思想舆论导向,占领网络思想高地。小葵新媒体平台的思想政治教育载体,让思政课堂化为生活点滴,逐渐养成青年"每天学一点""时刻懂一些"的政治理论学习模式,不断用渗透的力量引导学生成长。

(二)创新思想教育活动

为了让学生通过多种方式解除思想政治教育内容,小葵不遗余力地创新、开发思想政治教育活动形式,除了经常性地开展线上微论坛、微活动等活动,还制作了解读哲学知识、讲述革命传统故事的《小葵说》系列微电影、卡通漫画视频,在微博、微信平台展播,将主流思想和价值观以时尚新颖的方式,更加有效地传导给学生,提升思想政治教育的吸引力。

2012年9月10日,日本政府宣布"购买"钓鱼岛及其附属的南小岛和北小岛,实施所谓"国有化"。日本政府上演的"闹剧"是对中国领土主权的严重侵犯,在中国国内引发了大范围的抗议游行活动,抵日情绪高涨。许多高校大学生纷纷表示上街游行以表达对日本当局行径的抗议。面对学生高涨的爱国热情,我们既需要保护其情感,又担心学生因冲动而引发不理智的群体性事件。所以,小葵及时采取有效措施进行引导,既为学生提供合理表达爱国情感的平台,又有效防止群体性事件的爆发。(1)密切关注微博舆情:小葵通过微博开展舆情监控,通过微博及时获取民间集会游行的时间地点、校内学生动态等第一手的舆情,为有效处置涉日维稳工作提供了决策参考。(2)小葵微博倡议理性爱国:小葵在微博上不时发布微倡议,呼吁"爱国要'发乎于情'更要'止乎于理',文明、理性的爱国才是真正的爱国!""娃儿莫上街,即使愤怒让我们无限愤慨,也要尽力保持冷静,站在舆论之外,做一个理性独立思考的人。"这些网络微倡议一经发布即引起了师大人的共鸣,师大学子纷纷转发并评论。(3)发动签名活动鼓励理性表达:"九·一八"当天,校团委以小葵之名在旗山、仓山校区学生公寓、教学区等7个点设置签名横幅:"捍卫主权,寸土不让;理性爱国,从我做起""少一点盲从,多一点理性,我爱钓鱼岛""留下你的名字,发出你的声音,钓鱼岛是中国的""勿忘九·一八,勿忘钓鱼岛,为中华民族复兴而读书!"。现场还向同学们发放10000份国旗贴纸。线下的爱国签名活动为大学生理性表达爱国情感提供了渠道,保护了学生的爱国热情。

小葵通过将"面对面"的教育活动搬演至网络平台,学生可以在自己喜爱的网络平台上表达思想和正能量情感,实现交流互动。通过网络"微"引领,小葵将主流文化传播的传播过程从灌输转变成熏陶和养成的过程,提升了服务思想引领的实效性。

(三)以新媒体凝心聚力

小葵还通过新媒体平台组织学生报名参与各类校园活动,如发动投票评选"第一届我最喜爱的好老师"活动,弘扬良好师德榜样,表达学生对老师的尊敬与喜爱之情。同时在每次重大校园文化活动现场设立微博墙、微信墙,让学生自由表达自己想法,积极发表正能量的信息。"2012年央视中秋晚会""校庆105周年"等大型活动志愿者的招募信息,一经微博发布,可谓是一呼百应,应者云集。同时,学校的大事、喜事,经微博的宣传推广,极大地增强了学生的归属感、荣誉感和自豪感。在学校105周年"校庆微祝福"活动中,小葵不断滚动微博直播现场活动。仅两个小时就收到了21526条祝福信息。"105周年的校庆典礼,太让人震撼!舞台好漂亮好华丽""在现场看到我们觉得是师大的学生,真自豪"……这些真实的情感不断感染全校师生,营造出浓厚的荣校爱校氛围和全校性的积极健康的校园文化。

总而言之,在阵地建设的过程中,小葵突出人文关怀,充分尊重学生的能动性、自主性和自觉性,想学生之所想,急学生之所急,将为学生解决最关心、最直接、最现实的问题作为工作的出发点和落脚点,努力成为学生思想上的"知情人",心灵上的"知心人",生活中的"贴心人",不仅在生活中提供成长服务,更在思想上提供成才服务,提高了小葵服务学生的新水平。小葵充分发挥新媒体强大的互动性功能和即时性特点,成为了帮助同学解决实际困难,反映同学心声,维护好同学权益,成为了服务青年成长成才的新阵地;小葵促进日常工作信息交流和重点活动组织动员,提高了全校整体工作效率,成为了组织动员的新阵地;小葵将触角延伸至每一位学生,与学生"面对面"交流,让健康向上的声音引领校园舆论,成为答疑解惑的新阵地;小葵及时了解学生思想动态,积极探索运用新媒体开展学生思想引领的方式方法,成为了工作创新的新阵地。

第三节　品牌运营:深化形象才可步步为营

　　形象是一个通过视觉、行为和符合完成意义表达的载体。一个生动的形象不仅具有显性的识别元素,更体现人物精神品质,情感丰厚度和人格质量的人格、人性、人情的情感维度,称为"形象情商"。① 新媒体环境下,由于形象和价值维护的难度非常大,因此需要以坚定的定位为基石。所以在小葵形象的塑造过程中,我们既要赢得学生喜好,更要将这份喜爱用于思想引领的终极目标;在新媒体的传播作用下,小葵形象逐步在学生中获得影响,我们不仅让小葵活在虚拟的网络空间,更让小葵生活在学生的现实生活中,运用多种手段将小葵虚拟形象外化,塑造有血有肉、有感情有个性的特质,让小葵以"亲历者"的身份与学生在一起游戏、一起经历、一起成长,让学生在强烈的人文关怀中接受到新媒体时代创新式的思想政治教育。

一、精准定位:不只是片面迎合

(一)坚持主旋律不是"发号施令"

　　高校共青团的核心工作是开展青年学生的思想引领,当我们在把握思想政治教育的主导权时,控制舆论导向就是要坚持教育性。作为弘扬主流价值文化的平台、传播先进文化的载体、澄清理论是非的真谛,团委在引导思想上的主导地位不容忽视,必须保持立场,旗帜鲜明地坚持马列思想,坚定社会主义核心价值观的精神实质与价值追求。但是,坚持价值观引导并不是以居高不下的姿态指导学生,而是要将思想性的内容进行时尚性、亲民性的结合与包装,才能真正抓住青年学生的心,才可真正让

---

①　秦德君:《领导者公共形象管理:传媒政治时代领导者公共形象的形塑、建构与传播》,山西人民出版社 2005 年 10 月版。

青年学生接受共青团所传递的理想信念。第一,避免使用命令式语言、冰冷的套话、空洞的大话。在开展思想服务的过程中,小葵重视语气、用词等细节,关注时尚元素:"童鞋们""伙伴们"称呼学生,把自己当作与学生一样的身份进行平等对话;用上"请""可以""争取""尽量"等商量式的口吻与学生进行交流,以情真意切之感,设身处地地以学生的感受发表言论;配上一些亲切可爱的表情包、语气词,让小葵在进行思想引导时更具有亲和力和可爱感。第二,跳脱出"官方—编辑—发布"的精英模式。小葵在开展话题讨论时,要打破话语主导权"高高在上"的论调,充分调动学生的主动性与积极性,让学生在新媒体"乐于发声""善于发声",一些来自学生碎片化的评论、言语都能传达出正确的价值观和思想导向。

(二)坚持时尚性不是"娱乐至上"

青年学生天然有接受时尚文化的基因,也有着创造时尚文化的天赋。换言之,时尚文化折射出青年学生的崭新变化、满足了青年学生的兴趣偏好、蕴含着品牌形象打造的增长点。小葵形象之所以深入人心,最重要的核心是从学生切身需要出发,并把学生的服务落到实处,以流行化的语言风格进行内容供给和话语输出,通过避免流于低俗,在严肃与活泼之间寻求最佳结合点,使学生乐于接受,让学生感觉到小葵是一个亲切可爱的同伴,校团委是可以真正信赖的组织。但是我们不能为了迎合学生喜好,不顾内容价值的导向性和先进性,一味输出流行文化和娱乐八卦,而是要坚持以内容为王,技术为用,让主流声音的"大道理"转化成学生喜欢的"网言网语",实现主流价值观的柔性传播,让学生在轻松愉悦的话语环境中感受思想引领的内涵与魅力。

2016年4月17日,王俊凯、刘恺威、陈乔恩等明星作为形象大使,与学生一起参与第七届大学生绿植领养活动。采用学生最喜爱的方式——明星效应开展活动,但是不停留在明星自身,而是通过明星的影响力,培养同学们领养绿植,保护环境的意识,活动主题意义深远。活动中,小葵通过微博发布#绿植领养#话题:"既然青春留不住,不如一起来种树!第六届全国大学生绿植领养活动正在火热进行中。想为你的小窝添上一抹绿吗？快来，小葵送送送！"轻松活泼的语言让话题一发布就吸引众多学生参与。学生在网络上展开活动链接填写个人信息即可参与活动，并在校园内设点让广大学生现场领养绿植，为校园增添一抹绿。在明星效应的帮助下，活动吸引了众多同学参与，阅读量较高，达到了5.8万阅读量以上，线下活动参与度高，后续报道阅读量达到1.4万以上。

什么样的文化能够指引青年解决现实问题，就会有什么样的人生追求成为其理想信念和价值坐标。小葵形象的成功塑造说明，在新媒体时代，我们不要惧怕自己不被学生喜爱，更不要担心在新媒体空间中失去话语主导权，相反，我们要用学生喜爱的方式用好新媒体，让我们适应学生喜欢的方式，更要让学生爱上我们表达的方式。如此一来，才能让共青团在坚持弘扬主旋律与深受学生欢迎之间游刃有余，才能真正让共青团的声音振聋发聩。

二、借力互补：线上线下巧结合

一个好的形象打造不是一蹴而就的，需要不断地修改和打磨，在不断的推广中逐步被受众接受。依赖于长期、有目的、有计划、有步骤、有措施的传播与塑造，形象所凝聚的内涵经过一系列的发展过程和用户体验逐渐被沉淀下来，获得跨越时间和空间、超越界限和距离的联想及认同。线上与线下的整合传播，也是小葵在形象塑造方面取得较大成功的重要原因。在新媒体强大的媒体效应和宣传优势上，小葵打破线上活动的单一渠道，打通线下实体渠道，在线下实体场合中集中宣传形象。只要能够增强学生对小葵的认知度，只要能够提升学生对小葵的关注度，只要能够在线上和线下最大程度扩展小葵的影响范围，小葵都敢进行渠道营销，这使得小葵在最短的成长期内收获稳定的粉丝群。

（一）走向线下，走进内心

在多数学生心中，小葵一直是一个活在网络空间的虚拟形象，但是要进一步活化形象，还应该让小葵从线上走向线下，活在学生的现实生活中，将小葵塑造成一个实实在在、可看可感的"人"。如果说线上活动如同为小葵做的广告,那么线下活动则是为小葵制作的"产品发布会";如果说小葵为学生提供的线上服务是虚拟平台上的真诚帮助,那么在线下活动提供的服务则是真实场景中的温暖人心。只有线上与线下的有效结合,才能形成"虚拟"与"真实"的合力,真正实现小葵形象的立体性。

2016年3月7日,时值女生节。小葵在微博上发起"三月春风,十里桃花"的话题活动,学生线上转发评论点赞并@好友即可参与抽奖。线下活动精心针对师大女性青年群体设计活动,一改了以往领奖者需要自行到指定地点领奖的不便,并且一早就可以看到萌萌的小葵到每间女生宿舍送暖心早餐,带给女神们一天的好心情,备受同学们的喜爱与欢迎。活动拉近了小葵和青年学生之间的距离,可爱的小葵形象深入人心,阅读量达到5.4万以上,后续送礼报道也备受欢迎,阅读量也达到了1.9万以上。

(二)同在线下,年年不同

新鲜时尚的线上与线下活动结合的方式,可以成为小葵亲和形象的"催化剂",但是如果只固定一种模式的活动,就很难维持"新鲜",更难持续吸引学生的关注。为此,当遇上相同的活动内容时,小葵不断与时俱进,创新活动亮点,让同样的活动变化出不一样的特色,让学生在参与活动的过程中时时尝新。

每年12月31日,校团委便组织全校学生共同参与元旦嘉年华活动,为学生们提供一起辞旧迎新的平台和机会。2013年的元旦嘉年华,小葵在线上出现,发布元旦嘉年华倒计时。此时的线上活动起到了预告现场节目与活动的效果,提前预热了线下活动。2014年的元旦嘉年华,小葵除了线上的活动预告外,亲身出现在演员的排练现场,为大家图文公布彩排内容与现场节目。不仅为演员送去关心,更让广大学生亲身感受小葵的陪伴。同时将演员的辛勤排练展示给广大学生:"小葵与演员们现在都还在紧抓时间排练,他们可真真是为了这次演出付出了许多心血呢!要为他们的敬业精神大大点个赞呢!"除了有预告效果外,无形中形成一种榜样力量——为了共同的目标而努力,为给同学们献上精彩节目而辛苦,更成为一种凝聚的力量,让学生形成归属感和荣誉感。到了2016年,除了以上两种方式外,小葵不仅出现在元旦嘉年华现场陪伴在场的学生度过一个跨年夜,更以现场直播的方式,将嘉年华活动全程放送给无法到场的学生,无论是现实空间还是虚拟空间,切实做到"与生同在,与生同乐"。

(三)小葵在场,处处有爱

所谓"在场",就是亲临事情发生和进行的场所,直接呈现在事物面前或贯穿在事物变化的过程之中。诚如小葵在新媒体空间中为学生提供的服务,既有日常全面的服务,也有关键时刻的危机服务,那么在现实环境中,小葵除了出现在重大的活动现场外,也要在日常生活中起到服务作用。为了营造"小葵无处不在"的校园氛围,小葵形象还被制作成各式各样的文明标语,摆放在餐厅、草地、教室等公共场所,让小葵融入校园生活的方方面面。

各种线上线下的新颖、时尚的活动设计增强了小葵的时代感与青春活力。小葵让学生从现实体验中感受时尚活泼的风格和"不为青年师,要为青年友"的同伴形象,在学生的生活场景中留下实实在在的"印记",难以忘怀。全面激发出的学生热情和创造性让小葵的影响力持续扩大,在不断的焦点汇聚和热度升温中,小葵获得主导话语权的竞争力。

三、联合发力:打造自己的圈子

形象塑造的口碑效应是指一个良好的形象,能够在众多的受众中"口口相传",让良好的形象"一传十十传百"。尤其是在形象塑造的初期阶段,当受众还不能以事件或客观的实际情况去判断时更需要依靠口碑效应正面宣传形象。在小葵形象塑造的整个过程中,我们十分重视对其口碑的营造和宣传,试图通过多种渠道的传播口径宣传形象,形成点面的传播网络,为小葵营造良好的口碑环境。

（一）寻找合适的"粉丝圈"

在新媒体时代，受众并不是以单独的个体存在的，而是具有共同体验的用户聚集起的社群，通过社区建立起某种经常性的联系。而新媒体的形象传播也是以社群的形式存在的，这些社群就是潜在的粉丝。当社群的参与者分享共同体验时，并通过网络评论表达意见时，浏览的信息所获得用户体验便可以得到提高。这种用户体验分享的方式，达到的效果已不仅仅是单个的叠加，而是几何级数的增长。所以小葵在形象塑造的过程中，十分重视有针对性的粉丝，从粉丝角度入手，收集整理他们共同的期待与期盼，在基于统一性、一致性品牌形象基础上，有针对性地通过形象进行宣传、推介，最终使形象获得阐释。通过针对性的内容发布，小葵形象的解读在不同领域、层次上得到自主发展，在不同类型、不同层面的粉丝中获得他们对小葵形象的感受认知。鉴于由共同的利益、爱好等因素结合起来，在其凝聚力和影响力作用下，粉丝中传播的信息带来的口碑效应将得到极大增强。

根据不同群体的学生特点和需求，小葵在不同时期开展新生专题、毕业生专题、女生专题，为不同学生群体提供不同的信息服务。这些学生群体既有交集又有交叉，不同学生群体在不同的体验中获得共同的小葵形象认知，既通过自己的分享将认知体验传递给同类学生，又在不同类型的学生群体中获得相似的形象体验，使得小葵形象获得交集式与并集式的同步传播。

2012年9月8日迎新当天，一万余名2012级新生从全国各地来到我校旗山、仓山校区。小葵首先想到的是利用好这一时机，在新生入学当天就成功抓住"小鲜肉"的关注。带着这一问题，小葵携手校、院、年级、班级、协会五个层级的组织，开展了#师大求搭讪#迎新活动，通过组织微博的整体联动，既展示了精彩的线下活动，又为新生提供了快捷、高效的服务。(1)突出互动性——亲民的话题是成功的基础。"师大求搭讪"以时尚流行的网络语言拉近与同学的距离，一经发布就受到同学们的热力追捧。小葵邀请各学院发布迎新信息、老生发布迎新感受、新生发布大学第一天心情,每小时抽出 10 名幸运者,2000 瓶王老吉送完为止,新颖的参与方式、奖品的激励,在微博上快速形成"搭讪"氛围。(2)突出展示性——与新浪联系,申请#师大求搭讪#微博话题页,全面展示风采。迎新当天,校团委派出新闻采写员奔赴各迎新点采写,第一时间发布全校迎新的精彩瞬间;各学院通过微博向全校展示本学院的迎新特色和创新之处,通过微博,将线上线下的活动展示出来,让同学们全方位感受到了师大的迎新文化。(3)突出服务性——为达到最好的联动效果,小葵微博管理团队与各级管理员做了细致沟通:一是通过微博私信和微博管理群,将活动参与及联动方式告知各级管理员,确保管理员明确要"做什么";二是要求各级团学组织微博上报迎新当天 24 小时微博值班人员名单,确定"谁来做";三是提前搜集整理 2012 级辅导员信息,新生宿舍、报到点分布情况,宿舍报修,贫困生资助等新生可能遇到的问题,并分发给各级管理员共享,确保"能做好"。

网络化、矩阵式的微博在成长服务和组织动员中爆发出活力,#师大求搭讪#微话题,在短短一天时间内转发评论 16322 次,累计转发评论 28707 次,成功吸引了师大新生的"驻足围观",既展现了我校文明迎新、文化迎新、特色迎新的理念,也延伸了服务触角,通过各级团组织微博线上联动服务,快捷、高效地帮助新生解决了问路、咨询、贫困生资助、宿舍报修等问题。

2016 年 3 月 7 日,小葵发布直播,"春风十里不如你,又一年的女生节,跟着小葵一起去听听师大男生是怎么看待女生节的? 又给各位'女神'备上什么礼物呢?"通过直播男生对女生的节日祝福,成功将女生群体锁定为自己的受众,使小葵形象在女生群体中逐步"高大"起来。

每年毕业季同样也是学生情感表达的关键时刻,2017 年 6 月 21 日,小葵微信平台发布《毕业礼物——你留下的笑容,我送你独一无二的记忆》通过呈现各个学院不同专业的同学有创意、新颖且富有寓意的毕业照片,吸引无数毕业生的"围观"。"从南到北,从旗山到仓山,路过图书馆,绕过绿茵场,时间总是不知不觉跑得那么快""这是我们的辅导员,这四年,感谢照顾""对了,学弟学妹,以后,一直都是你们的学长学姐,师大的未来,交给你们了""再拥抱一下班长,聚是一团火,散是满天星。归来仍是少年"……通过微信平台毕业感言的发布,小葵传递了毕业生们或感恩母校,或感怀师恩,或感念友谊的情感,小葵微信在毕业季掀起话题热潮,既赢得粉丝关注,又在临别之际成功地将大家的情感凝聚在对母校深深的情怀里,形成毕业生对母校的归属和感念。

（二）打通多种传播网络

六度分隔理论认为,一个人与任何一个陌生人之间所间隔的人不会超过六个人。形象塑造的口碑效应就是要达到一个无边际的传播面,才能最大可能地获得形象的传播广度。为此,小葵将微博、微信等新媒体联合起来进行形象传播,为形象塑造形成了一个巨大的传播面,不仅传播者可以传播信息,受众在接受信息的同时成为二级传播的传播者继续进行信息扩散,从而构建了一个无边际的信息网络,从而所造成的信息传播叠加效应有效扩大了自媒体传播的面积和范围。

为了引导广大学生"走下网络,感受恬美心境;走出宿舍,体验阳光运动;走向操场,塑造强健体魄"的文化主旋律导向,校团委以"福师大小葵"作为阳光体育的代言人,通过微博、微信、微视平台开展#我青春我运动##拒绝手机课堂##运动的青春最美丽#等线上活动,引导青年学生记录分享体育锻炼中的美好瞬间和快乐时刻。在全校形成人人拒做"宅一族",人人参与体育锻炼的校园时尚。同时加入时尚元素,以青年学生喜欢的时尚流行的方式进行活动设计和开展,如精心设计25项"校园吉尼斯"项目,以挑战擂台的方式,吸引14500多人次学生参与挑战锻炼;以校园荧光夜跑、"不插电"音乐会、"青春不低头"挑战等创新方式,引导青年学生走下网络、走出宿舍、走向操场。通过多渠道的面传播与有针对性的点传播,小葵形象不仅让更多学生接受,也赢得了不同类型学生的喜爱,圈粉无数。

互联网时代的媒体新环境给高校思想政治教育带来了深远的影响,

但是作为身处其中的高校团委,我们不仅不能"知难而退",更要"迎难而上"。高校共青团巧妙运用新媒体开展思想政治教育,是要在新媒体的大环境下认清工作本质,从学生角度出发,努力转变工作作风;通过形象代言人的打造和时尚新颖的活动策略,以形象代言人作为组织与青年沟通的软性媒介,以服务满足传播策略为契机,以创新活动策略为必要手段,在管理和运作上贯彻服务理念,在服务中融入教育内涵,从而强化学生群体对校团委形象的认知。唯有认可共青团的形象,方可认可共青团传达的思想政治教育内容。

第三章

矩阵互动：打造思政教育联合舰队

2015 年年初，中共中央办公厅、国务院办公厅印发《关于进一步加强和改进新形势下高校宣传思想工作的意见》，提出要不断壮大高校主流思想舆论，着力加强高校宣传思想阵地管理。2016 年 12 月 7 日，在"全国高校思想政治工作会议"上，习近平总书记强调高校要坚持把立德树人作为中心环节，把思想政治工作贯穿教育教学全过程，实现全程育人，全方位育人。这一意见和会议精神无疑是当前高校宣传思想工作的指南针和定盘星。在具体工作中，如何利用井喷式增长的高校新媒体平台，加强校园宣传阵地建设是摆在高校思政工作者面前的巨大挑战。充分认识挑战，把握机遇，才能实现思想政治教育的全员全方位覆盖，抓住校园舆论主动权和思政教育主导权，实现思想引领、传播主流价值观，增强宣传工作和思想政治教育工作的时代感染力与吸引力。

第一节　现状：网络思政因时而变

新媒体时代，QQ 空间、微博、微信、微视、青年之声、易班、知乎、Facebook、Twitter、Instagram 等新媒体平台百花齐放，以迅猛的发展态势深深地嵌入了大学生的日常学习和生活中，逐步成为高校思想宣传工作的重要阵地，在引领学生思想、提振精神、服务学生等方面发挥重要作用。但不容忽视的是各类平台各有优劣和发展侧重点，吸引了不同年龄阶段和不同性格特点的师生关注，逐步显现出平台力量分散、信息传播分散和受众用户分散等特点。分散的引领平台不适应多元化的网络思维和网络需求，分散的信息传播容易形成网络宣传的信息孤岛，分散的受众群体无法实现网络思政的全面覆盖，这些现实困境的化解需要各平台的协同发力，因此搭建新媒体矩阵，加强平台互动对网络思政工作具有重要意义。

一、"互联网＋"网络思政工作的优势

首先，在网络思政工作中应用新媒体平台，有利于提升教育实效性和影响力。一方面高校微信、微博、QQ 等各类平台弥补了传统校园媒体在时效性、传播效率和影响力方面的不足；另一方面，各类新媒体平台通过趣味化有亲和力的推文积累用户，通过数据分析、互动功能、实用查询功能等吸引用户、留住用户，增强新闻宣传的控制力和网络思政的覆盖面。

其次，新媒体的"强关系"纽带增强了受众黏性和忠实度。高校新媒体平台基于"强关系"建立了强大的传播网络①，受众群较为固定，用户之间联系紧密，多为师生或同学。平台与受众以及受众之间的这种双重信任的关系增强了高校与受众的双向沟通，信息辐射力增强，受众可以随时随地、主动或被动地接收所关注高校和学院的各类信息。良好的受众体验可以有效增强用户黏性，提高用户忠实度，利于思政工作的全面覆盖。

二、"互联网＋"网络思政工作的困境

新媒体时代信息载体和传播渠道的剧增，使得校园新媒体平台多样化发展，一方面高校可以充分借力各媒体平台的正面作用，使之成为联系青年、教育服务和引导青年的重要抓手，主动占据新媒体工作阵地；另一方面，各类媒体平台较为独立地运转也表现出如下特点：平台力量分散、

---

① 覃梦河、晋佑顺：《基于微博显性结构特征的用户强关系研究》，载《图书馆学研究》，2013 年第 3 期，第 58 – 63 页。

传播信息呈现"碎片化"、信息传播"去中心化",这些都会引发受众的注意力越来越分散,对其加强思想引领和思政教育也变得愈发困难。

（一）平台分散:内耗严重阻碍资源优化配置

新媒体时代,高校拥有着几乎涵盖所有媒体形式的宣传阵地,但在实际工作中,与日渐丰富的新闻内容和便捷的"随时获取"的传播方式相比,各平台显然并未顺应时代潮流,运营和互动相对薄弱,呈现出分散的特点——"各自为政"、单兵作战,宣传内容同质化、单一性和滞后性严重。

究其原因,我校各媒体平台都有分管部门和独立采编团队——校团委、校电视台、广播电台、学生会、学生通讯社等机构负责定期推送和更新。高校是一个相对独立的组织,新闻资源相对有限,受众数量相对稳定,如果不能"协同作战",一方面争夺资源抢头条需要耗费一定的人力、物力和财力,会造成编辑团队压力过大、人才流失;另一方面会出现同样的新闻事件被几个平台反复宣传导致受众厌烦,或是受众被分流导致各平台的关注度都下降,受众被花样迭出的社会媒体吸引,造成高校新媒体自身的吸引力和影响力不断下降。"同质化"的内容大大降低了新闻宣传的实效性,传播效果被减弱。因此,新媒体平台应提倡资源优化配置,探索"全"且"融"的发展模式,通过资源通融、内容兼融、人员共融,充分发挥新媒体的技术优势和传播效率,提升传播效果。

（二）信息分散:"孤岛效应"减弱网络吸引力

新媒体平台虽然已经呈现多样化发展态势,但各平台所能提供的信息和服务仍旧是相对分散且单一的,各平台间合作力度欠缺,各平台优质信息仅使该平台粉丝受惠,信息交流的欠缺导致了"信息孤岛"的出现,造成宣传阵地对师生的吸引力不强、黏度不够。

一方面,因为信息的分散和受众需求的不对等,信息传播的有效性和平台的吸引力大大减弱。当前新媒体平台受编辑团队影响,对本单位和相关工作领域的内容更为重视。但对学生而言,各平台的各类信息都有作用且十分必要。如若加强互动,各平台转载更高平台的资讯、发布自己的原创、设置话题相互策应，校内校外平台联动起来，则有利于平台间的取长补短，满足师生对新闻信息和相关服务的全方位需求。另一方面，部分平台活跃度偏低、更新速度过慢、缺乏与受众的互动。在当前广泛运用新媒体的环境下，各平台信息的分散造成了青年学生强烈的用网需求、发声需求和解决问题需求无法满足，不能使师生"路转粉"，无法调动师生利用新媒体提升校园文化正能量，不利于高校新媒体发挥主导作用，占领思想政治教育新阵地和制高点。因此高校新媒体平台需要互通有无，有效盘活各种资源，打造矩阵化信息传播链，充分发挥新媒体聚合效应。

（三）受众分散：思政教育盲点亟待全面覆盖

多平台的发展势必会分散受众群体，而大部分的受众群体已经习惯了通过网络开展日常学习、社交娱乐、购物休闲，对于各种问题的疑惑也依托于贴吧论坛、微博微信、知乎易班等媒体平台寻找答案。网络的大热促成了受众群体的数量集聚和分布扩散，主要表现为如下几点：一是高校新媒体平台发展不均衡，运行效率不高，没有充分调动起平台的积极性，致使对本就已经分散的受众群体缺乏吸引力和组织凝聚力；二是有些新媒体平台的整合和运用存在一定程度的无序状态，日常活跃度低，较多停留在最基本的发送通知、传递文件等初级层面，无法调动起受众的参与热情和关注热度；三是受众依据自己的兴趣关注了部分平台，无法获取全面的信息和服务。这些情况都影响了校园宣传文化资源的效能发挥，使得新媒体平台成为空架子，不能充分发挥有效的组织形式，对学生进行思想引领和组织动员。网络思政教育无法实现时间和空间的全面覆盖，出现了教育盲点。因此，必须要搭建新媒体矩阵，多个平台多个账号联动，及时发布重要、权威信息，构建正确的媒体舆论场，有效聚集分散的受众，实现全天候、全方位、全员育人。

第二节　布局:网络思政因需而聚

新媒体平台的散造成了思政工作的难,如何让这些平台聚起来,既实现功能的多重覆盖,又不只是简单的聚合而造成资源浪费,成为思政工作者、新媒体工作者需要思考的要点和难点。我校从 2011 年试水团学工作微博开始,在搭建新媒体矩阵方面不断探索,打造了一支"招之能战,战之能胜"、内部贯通校内职能部门、外部贯通团系统、联动福建省教育系统与高校系统两大资源的网络思政"联合舰队"。这支"联合舰队"通过贯通横向纵向两个矩阵维度,促进不同新媒体平台互动、校院互动、校外互动这三种互动方式,实现了教育内容共融、教育时机共振、教育资源共享的整合协同局面。

一、贯通 2 个维度:搭好台

为实现强有力的网络思政教育聚合效应,我校新媒体矩阵搭建从横向、纵向角度均进行了"排兵布阵",横向聚合所有新媒体平台,纵向上至团中央、下至基层学院,构建出了一个横向到边、纵向到底的全效矩阵"火力网"。

(一)横向平台维度

从试水微博到覆盖 QQ 空间、打造微信、开辟直播、建设易班、繁荣青年之声、入驻知乎,再到建立小葵中央厨房、人才旋转门,从单个新媒体平台运营逐步发展到建设融媒体,我校一步步扩展延伸了矩阵的横向边界。

以微博为初始,我校做好顶层设计,在微协会、微活动、微服务、微论坛、微文化这五个阵地上进行策划布局、"安营扎寨",倡导学校、学院、年级、班级、社团五个层级建设了 600 多个团学组织微博,确保学校思想教育、日常管理、文化建设、社团建设等网下工作与网上微博的有机融合和全面对接。

随着"融媒体"时代的到来，在原有校电台、校电视台、校级纸媒的基础上，我校形成 QQ 空间、微博、微信、微视、青年之声、易班、知乎等全媒体平台矩阵架构。面对平台泛化局面，我校继续沿用"五微五阵地"的微博矩阵模式理念，在摸索各平台的性质特点，细化各平台的定位功能的基础上，扩展平台的战队范围，丰富平台的服务外延。在思想教育、信息传播、娱乐文化、生活服务等思政教育工作类型上，分工协作、互为犄角，打破时间、空间和形式的局限性，有效形成传播网络体系，形成新媒体平台"联合舰队"，保证了思想教育全覆盖的可能性。

（二）纵向组织维度

从搭建校内微博矩阵体系，到与校外各级各类资源的联动，我们打通了上到团中央、教育部，下到各基层团组织的纵向边界。

2011 年是中国的微博元年，微博大军"异军突起"。从 2011 年上半年开始，我校以微博为平台，依托组织行为，成立统一官方微博—各成员单位微博—各级团学组织微博的校园"微"体系，该体系覆盖了全校 9 个与学生管理服务工作密切相关的职能部门、7 大校级学生组织，27 个学院团委、学生会，120 个年级团总支、学生会，1111 个团支部，260 个学生社团和 100 多名学生工作干部，"收编"组建新媒体矩阵队伍。

为更好地指导各级基层矩阵开展工作，保持矩阵活力，2013 年，我校面向各学院团委（直属团总支）、各校级学生组织，制定发布《关于完善团学系统"五微五阵地"微博体系建设的实施意见》。文件提出了在设计布局、干部培养、信息发布、规范管理、两线联动、品牌凝练方面的"六个做法"。为促进校院加强互动，在日常运营中，我们发文实施"七个必须"。为发挥学院主观能动性，更充分发挥校院两级组织的创新智慧，我们探索让各学院参与互动的轮值制度。经过几个文件、几轮规范、我校形成了纵向矩阵体系，但体系建设并不局限于校内。

校外，我们既贯通团中央、教育部，又联动本省内各面向青年学生的职能部门。除在原有矩阵合作基于信息共享、活动互通、产品共创方面的合作的基础上，我校还与教育部思政司、团中央学校部等上级业务指导部门共建,成为试点单位。2014 年至今,已挂牌全国高校校园网络文化建设试点单位、高校共青团网络新媒体转型创新试点单位、福建高校网络文化发展研究中心、福建省青少年网络新媒体研究中心、福建省易班工作站。

至此,我校最终构建起相互捆绑、信息共享、各具特色、优势互补的校内互动矩阵体系,形成整体的规模效应和影响力,形成"一呼百应"的效果。基于内外纵横的平台,2013 年,我校微博微信常年保持全国前列;微博连续三年排名全国前二;在新浪 2013 年教育盛典中,我校团委书记陈志勇获"致敬导师"奖;在 2013 年全国大学生新媒体发展论坛上,我校团委书记陈志勇在全国团系统会上做了主题发言,代表学校向来自全国的高校新媒体工作负责人介绍我校新媒体工作做法,影响力辐射全国;2016年,我校直播开通不久,就被团中央授予"直播青春正能量"奖,全国仅 3 所高校获此荣誉。

二、实现 3 个互动:唱好戏

规则要求定好,矩阵搭建好,就有了舞台。有了舞台,就可以开始"唱戏"。不同平台间、校内外、校院间层层互动,形成了有戏能唱、有戏想唱、我说你唱、尽情合唱的良好矩阵互动局面。

(一)平台互动:百花齐放一台戏

不同平台的融合不只是简单的"聚"就能完成,不同性质和风格的平台要唱好同一台戏,才能让受众买账、跟进。而受众是否买账,是否跟进,还取决于各层级平台如何互动。对此,明晰功能、统筹兼顾、调兵遣将、分众覆盖就显得尤为重要。

一个微博的宣传力量有限,但一群微博就可以"微"力无边。我校"五微五阵地"微博体系中的每一个组织微博都能根据本组织的职能去精准定位受众,再通过具体分析受众需求,就能倒推出组织微博的定位,保证每一个组织微博都能团结、覆盖一部分青年学生,进而通过体系内微博全面覆盖全校学生。例如,校学生会以全心全意为同学服务为准则,微博定位于"服务性"，平时就注重解决同学们的实际困难；校社联统领全校 260 个社团，是繁荣校园文化的主力军，其微博就以发布缤纷多彩的校园文化为主。

一种新媒体平台的覆盖面有限，但一群新媒体平台就可以"心心相印"。矩阵中的新媒体平台都有各自的精确受众。微博虽然传播面广，但青年之声也有"爱问"青年；微信有固定拥护者，但易班群中也"班班"相护；知乎权威性高，但 QQ 群热闹非常；青年关注微博，但关注学校发展的家长和教师群体也许更喜欢微信。没有一个平台能涵盖所有受众，服务所有受众。确保每个平台的受众被照顾，就可以尽可能精确服务到更多的受众。根据不同特点，我们也对不同平台有一定的定位分工，以更好地服务需求。

思想引导方面，不论是微博、微信，还是青年之声、易班都是主流思想、多元文化并行传播的主阵地，都是大学生活动风采展示、特色文化展播的"扬声器"。易班方面在通过问卷投票等方式聚拢各类活动的人气，调研学生思想动态方面当仁不让。微博、QQ 空间因青年群体的关注度较高，成为观察热点、了解舆情、捕捉动态、知晓问题的重要观察点、风向标和沟通站。微信电子杂志式的表现形式、便于社交、舆情可控的特点，在柔性思想传导方面可起到事半功倍的效果。

服务生活方面，微博与青年之声平台组织矩阵构建完善，基础扎实，便于互动，方便答疑，"双璧合一"，构成有效服务网络，把青年学生的需求和困扰"一网打尽"。

文化娱乐方面，微博、微信的现场信息互动"上墙"非常适合在大型活动场合进行，对调动现场气氛、营造浓厚氛围作用显著。直播平台更是适用于各类需要调动各方面人群的文化活动。以访谈问答、采访不同群体对象的方式，层层挖掘主题，深化感知，为思想教育引导"锦上添花"。

以学生迎接新生工作为例，我们让不同平台扬其所长，在唱好唱响新生入学第一场大戏中各司其职，既融会贯通，又各自精彩，力图实现以心迎新、以迎新促融合、以互动促和谐的共同目标。

高考结束后,学校在微信、易班、青年之声、知乎上,大量图文更加全面立体地宣传学校的综合实力、良好环境和欢迎氛围。微信上推送如《高考分数出来后就纠结? 快收下这些数据和绝招》《迎新直播丨九位美女主播带你逛福师大校园》《嘘! 他们羡慕的别人家的宿舍就在福师大》,以活泼生动的语气将师大的好条件好福利传播出来,给大家事先树立一个正面向上的师大形象。《2015 新生问题汇总》《给师大三行情书》一篇篇则是对师大各方面的描写,让新生在了解之余,消除来到一个新环境的顾虑。青年之声、微博则设置了"我要问小葵"这一话题,承担为广大新生排忧解难的互动功能。知乎上,以《2017 年中国大学文化影响力排行榜:福建师范大学居全国 33 位,居省属高校第一位》《小葵有话说:我看格物致知》等一些文化气息浓郁的篇章,给广大的新生知乎用户建立一个福师的文化形象。

迎新当天,我校将各学院新媒体平台的管理员集中起来,做好细致沟通,确保大家知道"怎么做",都是"谁来做",收集各学院新生辅导员信息、新生宿舍、报到分布点、宿舍保修、贫困生资助等基本信息,确保"能做好"。

学校统一设置微博#师大求搭讪#话题,开展校院与新生的全面互动。积极回应新生疑问,保证各类问题得到高效解决。

除平面图文,当天我校更开启直播平台,对各学院迎新报到点的氛围及校领导走访迎新点的情况进行全程及逐个直播。平台粉丝们,通过直播欣赏到音乐学院迎新点前的小型音乐会、马克思主义学院的"马克思书房"、教育学院的"新生心愿树"、文学院的"古典书院"、化工院的荣誉墙……全方位地感受到了师大的创新文化,以及校领导对新生的关注关心与关爱。

妙在科学的设计、巧在重视互动、成于整体联动,#师大求搭讪#话题在短短一天时间内转发评论 16322 次,累计转发评论 28707 次,形成了有需求必响应、有风采必展示、有氛围必宣传的良好局面。

（二）校院互动：你唱我唱大合唱

矩阵体系的构建与完善，校院各级子媒体在信息传播联动、文化宣传联展、工作队伍联训方面上下串联，互联互动，形成良好的交互模式。

1. 信息传播联动

为调动主动性，发挥各层级矩阵组织的创造力，我们采用新媒体轮值制度。在成功试水微博的基础上，随着微信微视等媒体的兴起，为增强双向互动，推进团学工作网络新媒体战略转型，我校总结经验，调整方案，制定了《福建师范大学团学新媒体轮值及奖励办法》（以下称《办法》），对微博和微信的发布和互动提出要求，对各学院团学组织进行指导，为我校新媒体"联合舰队"掌舵。

根据新生入学、各组织纳新、辛亥革命纪念日、温书迎考、清明节、双十一等各重要时间点，我们安排全校 26 个学院依次进行轮值，每次一周。在轮值期间，各学院除积极转发、评论、点赞校团委微博微信外，还需开展不少于 1 次微博活动和 1 次微信联动宣传。内容由学院负责策划，在学校微博微信公众平台上进行发布，并适当动员学院青年网络文明志愿者转发推广。各学院在轮值前一周将轮值计划报送小葵工作室。在轮值完成效果评价方面，《办法》做出详细规定，就推送文章内容、修改情况、基础阅读量、点赞量、评论数进行充分评估给予不同加分，并对提供原创小葵文创产品设计想法和策划执行全校性活动策划的学院给予额外加分。一个阶段后，小葵工作室统计通报各学院的轮值情况，对于轮值考核排名前十的学院及相关指导老师和负责学生，校团委给予奖励，并在学校五四表彰大会上给予表彰，并提供相关建设经费支持。

在轮值过程中，小葵新媒体工作室与各学院密切沟通，在主题策划方面给予指导，阶段性进行总结，就已往轮值学院中的好做法进行推荐，就效率问题、联动问题、沟通问题等其他问题进行分析汇总，并提供解决办法，动员促进还未轮值的学院更好地开展轮值工作。

轮值执行以来，各学院听从"指挥"，一同"合唱"，唱响"同一首歌"，矩阵互动活跃，呈效显著，形成了一系列影响广泛、传播力佳的推文。经济学院以迎接新生为契机,策划并发布《在师大不得不知道的九件事》;马克思主义学院以纪念长征80周年为契机,发布《长征中的感人故事》微博博文;法学院策划发布微信图文《或许在师大的四年,你都不会去这些地方》……学院为主的创意推文得到了热烈呼应和转评,不仅使校级新媒体平台受益,也让各学院"尝到了甜头",实现了自身价值,最终实现了校院两级的双赢。

2. 文化产品共创

我校新媒体工作从构建"五微五阵地"架构,到设计出"小葵"在新媒体平台上"卖萌"吸引青年,到深化内涵将"小葵"作为校团委新媒体工作的形象代言人,再到更加深入地将她的形象和内涵植入校级各项团学新媒体工作、更全面地与各学院团学新媒体工作的融合,经历了一个发展过程。这个过程本身就是校院两级新媒体矩阵的互动过程,也是校院线上线下文化互动发展的过程。在这个过程中,呈现出两种互动方式。

一是"小葵"形象引动,激发学院灵感,为各学院打造个性化新媒体文化形象,凝练文化品牌内涵。"小葵"以阳光和向日葵为原型设计而成,代表着爱、忠诚、责任、理想。她组织代言新媒体工作及其他团学工作的运作方式和成效激发了我校各级团学争相效仿,纷纷集合本学院专业特色,设计符合本院的新媒体形象代言。化学材料与科学学院,以苯结构和原子结构设计出了品牌形象"苯宝宝";生命科学学院以南洋杉为本体,设计了"杉杉";数学与计算机科学学院团委将"小麦"作为本院形象代言。各院卡通形象代言受"小葵"启发接连诞生,并在日常的新媒体矩阵互动中各显特色,友爱互推,繁荣了校园文化,也极大活跃了矩阵体系。

二是以"小葵"为载体,学院借力打力,校院两级共通共融,互助互促,形成合力。经过不断努力,"小葵"成为全国高校网络文化第一品牌,知名度在全国打响。为深化新媒体工作品牌额内涵,增加新的服务点和增长点,校团委积极与学院互动,将学院特色项目植入"小葵",将"小葵"赋予新的生命力。我校化学与化工学院与小葵新媒体工作室合作,将"我是化学人"科普志愿服务协会项目与"小葵"融合,以"小葵"漫画形式为载体，让"小葵"带孩子们学科普，让"小葵"成为科学知识的传播者和科学精神的践行者。该院先后原创《小葵辟谣记》《小葵历险记》《小葵灭火记》《小葵环保记》《小葵环游记》等近10部线上线下文创产品。通过小葵文创产品的共同创作和联合署名，化工院开辟了科普文化品牌发展的新路径，结合传统的线下科普实践服务活动，连续2年获得中国青年志愿服务项目大赛的银奖。

校院两级联合署名品牌产品，这一双赢的模式，既丰富了"小葵"文化产品的供给，又推动了学院品牌的创新发展，极大调动了各学院参与新媒体矩阵互动的积极性，推动了校院两级的频繁互动。我校法学院的普法文化产品、马克思主义学院的社会主义核心价值观文创产品也持续诞生，得到热烈反响。

3. 工作队伍联训

校院矩阵的互动不单是信息传播、文化展示方面的互动，为确保各级矩阵的效能和战斗力，在新媒体人才培养方面，也通过队伍联训实现互动交互，以达到"矩阵航母"能在任何时候都能保有最大驱动力。

校团委举行每年一次的新媒体人才专项培训班。每学期选拔200名在校生进行培训。学员通过学院推荐和全校公选产生。学院可直接推荐负责学院新媒体轮值工作的学生为指定学员。校团委另外在全校范围内公选近100名自愿报名的学生参加培训。培训课程分为讲座类课程和实践类课程，讲座类课程邀请新媒体从业人员及专家进行授课。参训学员可根据自己的兴趣选择微博、微信、产品开发、技术、微视等方面进行选修。培训课纳入学校公选课，修满课程并考核合格可获得2个学分，并颁发结业证书。

在每学期的常规培训基础上，我校逐步形成了"小葵人才旋转门"制度，打造校院两级新媒体人才共同成长的生态圈。"小葵"工作室通过新媒体人才培训班帮助培训各学院新媒体工作负责人，同时可选拔出优秀人才直选进入工作室;学院及其他组织可以直接推选本院新媒体工作负责人进入培训班进行学习培训，也可以通过"小葵"工作室遴选并培训学院中自愿报名的新媒体人才,还可以直接推荐优秀学生在"小葵"工作室挂职主席团助理,最终汲取经验反哺学院新媒体工作力量。

(三)校外互动:有戏想唱唱大戏

新媒体矩阵不但是校内的矩阵,也需要校外的矩阵。无论是校内还是校外,矩阵的建立都是为了激励多元主体的参与及协调多元主体的集体行动,形象地说就是,用好校内外资源,让"想唱戏"的唱,要唱就"唱大戏"。校内与校外的矩阵主要是学校与上级业务指导部门,学校与社会媒体两大系统。学校不再只是自娱自乐,通过与校外矩阵体系的衔接互动,支持上级部门工作,提振自身影响力,发出学校好声音,讲好学校好故事,宣传社会正能量。

1. 与业务指导部门新媒体矩阵互动

2012 年,为打造"互联网＋青年引领"网络思想政治教育创新模式,将党的主流思想和价值观以时尚新颖的方式,更加有效地传导给学生,提升思想政治教育的吸引力,我校打造"福师大小葵"网络卡通形象,陆续开发一系列正能量网络文化产品并在校内各大新媒体矩阵平台上宣传,影响力逐步扩大。但如何将这种校内的影响扩散至更广泛的范围,让优秀成果更多地影响全团、各高校乃至全社会,却并不容易。在平台层面上,国家级、省级职能部门的平台才有绝对的号召力和影响力。鉴于此,上级组织和下级组织的新媒体工作矩阵互动联推无疑让"有戏想唱"的下级组织一个"能唱大戏"的机会。

学校作品由上级组织平台首发。2015 年,我校打造《我的青春我的团》入团教育漫画册,线下由光明日报出版社出版发行。在线上,改变以往由学校首发,再向上级组织报送,由上级组织向各下级组织推广发动的方式,我们线下联系团省委、团中央,经协调,画册由团中央官方微博首发,学校再转载发布。系列漫画一经团中央新媒体平台发布,阅读量迅速突破 5000 万,转评量则突破 10 万。比起由我校首发、上级组织转发,榜样示范效应大大提升。不但以生动活泼的形式宣传了共青团的基础知识,实现了主流价值的有效传导,打响了"小葵"的品牌,展现了"小葵"漫画魅力，也为上下级团学工作新媒体的矩阵互动方式提供了一种模式参考，有效提升下级团学组织争做特色精品、乐与上级组织互动的意识。

学校承担上级组织活动宣传任务。2016年9月15日，正逢中秋佳节，超强台风"莫兰蒂"正面袭击福建。宁德市古田县卓洋乡庄里村村支书周炳耀为保护村民人身财产安全，在村里巡查抢险时不幸遇难，年仅45岁。省委宣传部决定追授周炳耀同志"八闽楷模"的荣誉称号，并在福建会堂举行周炳耀同志先进事迹报告会。为让更多的青年人能更直观地了解周炳耀忠于职守的价值取向和为民尽责、献身事业的感人事迹，以更生动的所知所感内化学习动力，在各自平凡的工作岗位上，展现出共产党员该有的样子，在福建省委宣传部的指导下，我校承担了周炳耀同志先进事迹报告会的网络直播任务。

直播现场，我们通过直播采访后台人员、观众对莫兰蒂台风的看法、报告会主持人对报告会的态度、到场村民及县委书记对周炳耀工作态度和为人了解情况、家属想对周炳耀说的话，转播现场报告会等方式，联动福建省电视台、福建广播电视新闻中心、福建电视台综合频道、福建新闻广播FM1036等新媒体平台转发我校直播的微博链接，展开良好的宣传互动。据统计，报告会的累计在线观看人数达160多万。

2. 与校外媒体矩阵互动

新媒体时代，高校不再是与世隔绝的象牙塔，校园的好故事、好声音、好文化、好思想是社会所需，受到各大社会主流媒体及网媒的广泛关注。

2012年11月23日《中国教育报》头版刊发了题为《福建师大开辟育人"五微五阵地"》的报道，宣传我校依托微博新媒体，帮助学生、引导学生、教育学生，使微博成为倾听学生心声、了解学生动态、吸引学生参与学校民主管理的做法。《中国教育报》的纸质版和网络版都刊出了该报道。2013年，新浪发起中国教育盛典活动，围绕"在线教育"主题对行业中的翘楚进行表彰。我校团委书记陈志勇老师以出色的工作和贡献，获新浪2013年度教育盛典之"致敬导师"奖。2014年，《中国青年报》在线上线下专版刊发了《"小葵"缘何受大学生欢迎》的报道，宣传了《小葵说》系列网络文化产品对培育践行核心价值观起到了显著的成效。新华网于2016年转载中国教育报的文章《"互联网＋教育"传递校园正能量》，将校团委主办的"福师大小葵"微信平台作为例子，介绍我校如何整合了生活服务、教务教学、文化娱乐等多方面信息，实现了有趣、好用的教育功能。

2016年底，习近平总书记在全国高校思想政治工作会议上强调，"要运用新媒体新技术使工作活起来，推动思想政治工作传统优势同信息技术高度融合，增强时代感和吸引力"。随着全国高校对会议精神学习热潮的到来，我校新媒体在思政工作中的成功经验，也再次得到中央电视台、人民日报、新华日报等国家级主流媒体的广泛宣传报道，工作影响力扩展到全国更广泛的层面上来。

第三节　核心：网络思政因势而谋

在新媒体时代背景下，百花齐放的新媒体日益成为高校思想政治教育的主阵地和新抓手。一方面，庞大的高校学生用户利用微博、微信、微视、易班、QQ等媒介获取资讯、分享信息、娱乐放松，为网络思想政治教育提供了广阔舞台；另一方面，各平台相对独立的内容输出和有所侧重的运营模式会导致学生用户群体的分散和教育效果的弱化。因此，如何遵循新形势下信息生产和传播方式的变革规律、顺应媒体融合战略的必然趋势，做到网聚思政力量、提升聚合效应是高校把握价值主导地位、主动占领阵地、实现有效发声的重要课题。

我校借用"矩阵概念"打造由校党委领导、团委指导的小葵模式下的新媒体矩阵布局，以"精准定位、优势互补"为前提，以"实现三大互动"为核心，把控矩阵互动三个"统一"，紧扣矩阵互动三个"关键"，逐步探索立体化多维互动模式，增强青年学生育人工作的实效性，扩大网络思想政治教育的聚合效应。

一、把控矩阵互动中的三个"统一"

新媒体矩阵的搭建是对微博、微信、微视、易班、QQ 等既有共同点又存在互补性的不同平台的全面整合,为各级组织和高校学生打造了互通有无、产生共鸣的交往平台。通过资源通融、内容兼融、用户互融、利益共融来凿通平台壁垒、打造联合舰队,同频共振提升传播效果。

我校新媒体矩阵整合了不同主体、不同内容的多个新媒体账号,构成了有机统一的庞大信息传播场。多元观点、多样声音、多重导向的信息传播场的瞬息万变势必会引起校内外多方受众的广泛关注。因此,学校以不断增强青年学生对社会主义意识形态的认同感,增强社会主义意识形态的辐射力和影响力为目标,在矩阵互动中着眼大局,把控方向,统一价值导向、统一核心团队、统一形象代言人。

(一)统一价值导向,多方位信息汇集

新媒体时代,网络空间社会思潮多变、意识形态多元,这为高校的舆论宣传工作和思想教育工作带来挑战。如何壮大主流思想舆论,用社会主义意识形态引领学生是应对挑战的核心考量。

我校新媒体矩阵始终坚持社会主义意识形态的价值导向,强调内容生产协同发声、各类媒介主动发声,及时传播国内外重大时事和相关的政策动态和各种正能量信息。为了加强矩阵内的校内外平台互动、校院互动,我校通过形象代言人"小葵"统一传导信息,各级组织各类账号及时响应,经过裂变式的传导、转发、评论,在极短的时间内形成上下一致的集聚和放大效应,为更广泛的受众传播主流文化,实现社会主义核心价值观入脑入心,牢牢把握思想高地。

(二)统一核心团队,多层级体系呼应

网络信息时代,传播工具和技术的革新正在悄无声息地改变着人类社会的组织方式、行为主体的思维方式和参与对象的话语体系。多元化的矩阵组成要素需要统一的核心团队引领,才能保证矩阵互动的健康有序、自由蓬勃发展。

　　我校新媒体矩阵以小葵工作室为核心团队，内通外连形成"群策群力、一呼百应"的新媒体生态。一方面与校外各级平台积极互动，及时转发、推送并@、响应话题，形成积极互动；另一方面，辐射带动校八大学生组织负责相应的平台建设，全面覆盖学校、学院、年级、班级、社团五个层级的学生组织有效互动。小葵工作室由新媒体素养过硬的学生干部和各级学生组织负责人组成学生队伍，并聘请学校有关职能部门负责人，传播学、法学等相关领域专家，新媒体运营商等担任顾问。业务精、效率高、极富实战经验的团队为矩阵的良性互动保驾护航。

　　(三)统一形象代言，多平台聚力发声

　　为了充分发挥矩阵互动对主流思想的舆论传播力、正面传导力，矩阵中的组成要素需要共享信息、汇聚资源、统一发声，有的放矢地引导学生、服务学生。

　　我校团委打造"小葵"为矩阵的卡通形象为矩阵的代言人，可信可爱可靠的她化身各平台的统一发声器和传导器，及时为学生提供资讯、推广活动、提供服务、传播主流价值观。而各层级组织也及时响应、转发、原创与"小葵"相关的各类文章。各学院也将特色项目与小葵融合，并推出各类文创产品，"小葵"知名度大大提高。不论是转发团中央、团省委等各类校外平台的资讯，还是发布各种原创内容，都将"小葵"形象融入其中。微博话题"小葵微分享"，主要@人民日报、团中央、团省委、各高校等校外官方平台以及校内党委宣传部、学生工作部、后勤公寓中心等各类组织的官方账号、各学院官方账号；微信推文多以小葵为使者，以"萌小葵带你玩转师大"为宗旨，文章《和小葵一起走进青运》《小葵课堂》等广受师生好评，同时通过"新鲜服务"网罗校内各级组织的资讯、链接"青年之声"平台的小葵社区为师生答疑解惑。受众只要认准"小葵"，便可在多维平台纷繁复杂的资讯中及时找到个人所需，矩阵的吸引力和影响力得以扩大。

二、紧扣矩阵互动中的三个"关键"

新媒体时代下的高校宣传思想工作已经发生了崭新的变化。一方面，丰富多元的媒体平台蓬勃发展，宣传工作由学校宣传部门单一主体单向直线型发布信息，转向校院各级组织、校园各类平台的多元主体共同发布的多层级主体格局。另一方面，媒体矩阵不断融合，但也存在诸如缺乏对矩阵内在要素和互动机制的有效建设，平台吸引力不强、传播力不足、辐射力较弱等问题。

我校新媒体矩阵互动紧扣三个"关键"，着力在矩阵互动的内在需求、互动机制和传播效能方面求突破、结共识、促发展。

（一）找准矩阵互动的痛点、难点，破堵点

从纵向维度来看，矩阵内的各类平台各具特色，相互呼应便可产生的丰富功能和优势定位，能够更好地满足新媒体时代下的大学生对于多元信息、多元服务以及互动反馈的需求。因此，我校团委聚焦各平台特性和功能定位，直击矩阵互动的痛点、难点，破除堵点，解决打通平台间交流渠道。

就人民日报、团中央、团省委等高层次校外平台而言，其功能定位为国家级、省市级的热点新闻、好人好事、政策解读、服务信息，具有内容质量要求高、产品需求多元化、覆盖群体广、媒体资源丰富的特性。其痛点和难点在于新鲜素材的获取有赖于各地方、各高校等基层平台，对受众尤其是青年学生群体的心理把控、对热点的追踪在一定程度上也需要基层平台。

就校院级平台等较为基层的平台而言，其功能定位多为思想引领＋服务师生，平台运营以学生为主，反映学生诉求，具有内容供给充足、专业特色明显、素材创意十足、趣味性和互动性强的特点。其痛点和难点在于需要借助更高层次的平台推广自身，借助媒体资源丰富的高层次平台扩大覆盖面，增强影响力。

由此可见,不同层级的平台间各有优势和短板,相互之间迫切需要交流,需要破除交流渠道不够畅通这一堵点。为此我校充分动员各类组织、各类平台广泛参与校内外互动,通过激励机制增黏性、表彰先进树典型等措施取长补短,共享网络资源,解决各自的痛点和难点,实现资源优化配置,获得双赢。前文提到的我校原创作品——《我的青春我的团》入团教育漫画册由团中央微博首发、学校再转载发布,这一典型案例提供的模式成为了校内各类平台学习的榜样,借助影响力广泛的平台宣传学校,提升我校美誉度,同时也为相应平台提供了充足教育素材和新闻资讯,用活了新媒体矩阵。

(二)提升矩阵互动的广度、强度,增热度

从横向维度来看,我校新媒体矩阵注重加强矩阵互动的范围、互动的频率以及互动的程度,多措并举吸引潜在用户、造福忠实"粉丝",提升矩阵互动的广度、强度,增热度。

广度的提升有赖于互动范围的扩大。我校重视拓展参与互动的平台和组织的覆盖面。一方面,我校由最初的打造微博平台逐步发展为全面利用微信、QQ、一直播、易班、青年之声、知乎、推特、Instagram 等平台;另一方面,积极与教育系统各类平台(团中央、团省委等)、各类媒体平台(人民日报、中国青年报、海峡都市报等)、自媒体平台(思想家、学者等)实现有效互动。通过全面覆盖思想引领、专业学习、生活服务等各个方面赢得学生信赖和支持,通过调查投票、有奖转发、幸运粉丝评选、邀请关注,学校重大庆典微直播、名人微访谈、热议微话题,与各类官方账号、自媒体账号积极互动等措施,满足学生实际需要的同时,增加了矩阵内各平台的曝光率,提高了推广度,真正成为权威且暖心的思想政治教育阵地。

强度的提升得益于互动频率的提高。通过激励政策和服务保障调动各级组织的核心优势力量,将互动频率进行量化,制作榜单反馈给各组织和各平台运营团队,将新媒体工作的成效计入年度宣传工作评选考核,激励各级组织和各平台高频互动;通过学院轮值制度下派任务,要求各运营团队积极评论转发社会主流媒体言论,借由微博"小葵微分享""小葵聊天室",微信"学院帮推""师大人""小葵""一直播""青年之声""小葵社区"等平台定期推送原创图文并主动@社会主流账号,通过公布每月学院微信、微博等平台影响力排行榜单选树典型,以此强化正向激励,进而扩大学校和学院的影响力,增强师生获得感,全面提升矩阵互动的强度。

热度的提升受惠于互动程度的增强。为了保证矩阵活跃度和热度,一方面我校各平台账号利用学院不同优势,整合信息技术、软件工程、新闻传播、社会学、心理学、统计学等多学科背景,通过大数据采集,建立网络热词、流行用语数据库,用这些内容为主流思想舆论的传播和热点话题的设置提供数据和技术支持。二是要求团队成员每人关注固定数量的公众号,主动嗅取"热点"气息,增加具有深刻思想内涵的评论和深度报道来引导学生舆论,逐步形成共鸣,输出引导学生理性思考的文化产品。

例如,《人民的名义》热播,我校团委积极响应热点,一方面在官方微博中转发@中国大学生在线《刷〈人民的名义〉也能学英语》等共9条推文,还包括各类有趣的表情包。另一方面推出原创作品。我校团委小葵微信推送《你好,请跟我们到反瘫局走一趟》(微信运动排位赛活动),各学院联动转发,积极响应组织报名,此推文还被扬州大学社团联合会转载。校团委微博同期推出"反瘫行动"话题,包含反"瘫"习惯养成、反"瘫"抓捕游戏、反"瘫"的艺术等活动,与微信相呼应,就同一个热点用图文并茂的形式引导更多学生报名参与活动,可谓寓教于乐,用创意留住用户,将理性表达以感性内容呈现,将文字灌输转化为视觉包装,引起了热烈反响。这是融入大的社会语境中,正确处理严谨和活泼、专业点引爆关和通俗的辩证关系,以生动的表现形式感染学生群体,以小巧的切入注热度的有效做法。

(三)把握矩阵互动的时机、节点,抓契机

在满足矩阵互动的内在需求和互动机制的基础上,如何更有效地提升矩阵互动的聚合效应,增强传播效能,是我校新媒体矩阵需要解决的另一关键问题。为加强矩阵的聚合效应,各平台和组织把握日常思想教育、特殊节点的大型活动教育这两大思想教育时机中,进行有效互动和全面联动,建立起全天候覆盖的教育引导体系。

1. 常抓日常思想教育引导

新媒体矩阵内各平台作为扬声器,通过转载发布校外平台的原创资源,传递主流声音,实现日常思想教育热点的有效传导和有效覆盖。

我校团委以"小葵"作为网络传播主流价值的统一代言人,各类平台日常转载校外平台的原创资源,响应话题,转发评论。一是将学习习近平总书记重要讲话精神、学习国家时政方针、学习各类热点新闻融入日常生活,传递主流思想和主流价值观。2015 年 G20 峰会在杭州召开,我校团委微博"小葵微分享"话题转载共青团中央《关于 G20 峰会你想知道的都在这里!》、微信推送《小葵科普时间之 G20》,生动活泼地阐释了 G20 峰会相关知识,让师生更为直观形象地理解国内外大事,让主流热点和主流思想随时入脑入心,易懂易学,学以致用。

2. 利用大型活动教育引导

大型活动是矩阵互动的重要契机,充分利用开学季迎新、学期表彰大会、各类文体赛事、各类大型讲座以及实践活动的人气聚拢效应,进行矩阵互动,可以有效提升用户关注度,利用新媒体矩阵的互推技术、多平台联动、集群作战,无形中实现资讯快速传播、思想逐步深入的教育效果。

全国第一届青年运动会于 2015 年 11 月在福建举行,为响应组委会号召,我校共招募 735 名赛会志愿者、近 2000 名活动志愿者,协助拍摄志愿者招募宣传照《青年志愿者之歌》MV,开发介绍福建风光、青运会项目等《小葵说青运》网络文化产品,服务青运会。

我校新媒体矩阵全方位、持续关注赛会筹备和现场盛况、赛会志愿服务、赛相关信息等各类资讯,我校团委微博转发推送 123 条信息、微信原创 30 余条青运文章,一直播、易班、知乎各类平台开设话题、社区共同分享盛况,展播志愿者故事,展现我校师生青春风采。

青运会前期,矩阵聚焦活动预热和志愿者选拔,各层级各平台通力合作,扩散相关资讯。一是转发评论共青团福建省委、福建日报等各类校外平台的青运会宣传信息。微博"小葵资讯站"转发《青运会吉祥物亮相》

《福州青运会官方宣传片亮相！》等资讯，微信发布《和小葵一起走进青运》等，易班开设青运会话题大厅，使得更多受众了解青运会。二是组织招募志愿者。微博转发推送《青运会赛会志愿者报名》，各学院微博、微信、QQ平台转发并组织线下招募，招募选拔当天推送新闻报道，展现我校学生参加志愿服务的热情和风采。三是发布原创文章，助力青运会。微博发布《我校青年志愿者在全国青运会圣火采集仪式上展现风采》《省、市领导看望并慰问我校参加青运会开闭幕式演出排练集训的志愿者》等信息展示我校青年志愿者风采，微信推送《和小葵一起走进青运会》推出"小葵说青运"漫画并制作成折页，线上线下联动介绍青运会标志、口号、吉祥物等。

青运会期间，各平台持续不间断关注开幕式、志愿者服务、赛会资讯及闭幕式。首先微博图文推送开、闭幕式精彩瞬间，一直播平台实时播出精彩节目，使场内外受众均可感受精彩青运。其次，微博开设"小葵服务在青运""青春青运""我在现场"等话题，及时@校外平台，面向全体师生有奖征集青运会照片和故事；微信同时开设青春青运、小葵看青运栏目，推送《世界冠军都被师大承包了，你们知道吗？》《暖心服务大放松师大志愿者坚守蹦床赛场》等原创文章，展示我校师生参与青运会的热情和志愿者风采。

青运会结束后，我校召开第一届青运会表彰大会，选树先进典型，微博推送大会精彩环节，微信进行宣传报道，一直播平台现场实时转播。此外，微博开设"青运记忆"话题、微信推出《青春青运|一句话证明你参加过青运会》，各学院及时转发，开展青春服务心得征集等活动，全面总结我校师生在活动中的表现，促使广大师生感受青运会的体育精神和志愿者的无私奉献精神。

3. 把握特殊时间点的教育引导

特殊时间点是思想政治教育的宝贵资源，也是矩阵互动需要把握的重要时机，学校新媒体矩阵充分利用"青年节""国耻日""国庆节""公祭日"等重大节日或重要事件节点，线上线下联动，培养学生的爱党爱国情怀,点燃学生勇担责任、为实现个人理想、实现中国梦奋发图强的青春热情。

为庆祝长征胜利 80 周年,共青团福建省委创作推出了长征胜利 80 周年(C80)的网络名词,在新浪微博上发起了"青春 C80"话题讨论。我校新媒体矩阵积极响应,通过开设微博话题、举办微活动,与校外平台、学院各平台互动,形成不同层级的不同平台的多维联动。校团委微博发起"长征接力"活动获共青团福建省委转发,阅读量达 9.4 万;原创微博《长征途中发生在福建的著名战役》《红军日记》也获得共青团福建省委转发;校小葵微信发布的《如果长征时期有 QQ》获共青团中央转发。我校各学院平台也相继推出文章并@校内外平台,扩大活动影响力,如美术学院《绘制长征图画 100 幅》、旅游学院举办"红色旅游路线"大赛、地理科学学院制作《两万五千里的距离、红军长征的四季变换》、社会历史学院制作《长征中的小故事 100 则》、马克思主义学院制作"长征两万五千里"系列小葵图文,其中马克思主义学院的微博被共青团福建省委转载发布,吸引了广泛热议。本次矩阵联动主要通过挖掘长征故事、长征人物、长征路途,以生动具体的形象诠释,加深受众对长征的认识,对长征精神的理解,推动了青春 C80 活动真正影响青年学子,促进他们走好自己人生的"长征路"。

第四章

文创开发：开启思政教育魅力引领

高校文创产品，是指随着信息时代的到来，一种由高校师生共同创造的立足于校园文化生活，承载传统文化内涵，通过互联网技术传播扩展的文化创意产品，它是校园文化与互联网技术融合发展的衍生品。高校文创产品既包括利用微博、微信、QQ 空间、易班、贴吧、论坛、网站等在线传播的文字、视频、音频、图片、Flash、H5 等数字文化产品，也包括一些由线上设计、线下开发的承载着校园文化的相关实物产品，比如：文具、画册、生活用品等。

福建师范大学在"五微五阵地"网络新媒体工作体系成熟的实践基础上，利用"小葵"这一网络思政教育卡通形象，全面推出了规范化、精品化、系列化的"小葵"网络文化产品。目前，"小葵"文创产品已经成为校内学生知名度最高、也最受欢迎的文创产品，成功打造了具有福建师范大学特色的思政教育品牌，收获了大批的粉丝。在校内，随意可见学生穿着小葵文化衫、拿着小葵形象的卡套、用手机发送小葵表情，和你讲述看过的印象最深刻的小葵动漫故事。不仅如此，小葵文创系列中的一些精品，还参与了中组部、中宣部、省宣部的教育宣传项目，线上产品更是多次被团中央、团省委的微信微博转发，还被中国共产党网收录为在线学习教材。

小葵文创在高校思政教育里启发了一种全新的思维，用"校园文创"的形式，打造柔性的思想引领方式，增强了思想政治教育的吸引力和感染力,成为小葵模式中最外显和最吸引关注的一个环节。

第一节 以文化塑灵魂,文创魅力势不可挡

究竟是高校选择了文创,还是文创选择了高校?可能很难得出答案,但可以形成共识的是,"互联网＋文创"已经成为我国万众瞩目的新产业。作为文化创造集中地和受众集中地的高校,文创对于这些对互联网、文化和创新具有强烈渴望的高校大学生们,显然有着天然的、不可阻挡的魅力。

那么,小葵为什么选择了文创?

传统的思政教育模式,最不能被现代大学生接受的就是"刻板、枯燥和理论性过强"。而文创本身具有"创新、简约、生动"的特质,恰好能够弥补这些不足。作为福建师大团委开展思想引领的品牌小葵,加上作为文化传播的新军文创产业,便如此一拍即合,跨界合作成为"小葵文创"。由此,"小葵文创"开始了摒弃传统思政教育的弊病、拓展思政教育新高度的探索之路。

一、"眼球经济"吸引青年关注

眼球经济,是一种依靠吸引公众注意力获取经济收益的经济活动,在现代强大新兴媒体的推波助澜之下,眼球经济比以往任何一个时代都要活跃。被誉为"眼球经济"的文化创意产业,最大的消费群体便是青年,最大的创作主体也是青年。依靠年轻人的智慧,借助于现代信息科技对文化资源进行整合、创造与提升,从而产生具美学价值、时尚特色和价值共鸣的文化创意产品,能够对青年学生产生强大吸引力。利用好这一点,能够解决传统思想政治教育不被青年学生重视、甚至排斥的问题。

(一)"生活美学"符合青年审美观

充满美感、艺术感和生活美,能够给人愉悦感的产品是受众感知和接

受的前提。美感是网络文化产品的吸引力所在，能够吸引受众眼球的关键就在于网络文化产品给人带来的直观、形象的审美感受。"生活是一本教科书"，具有生活美学并使人愉悦的文创产品体验符合青年的审美，更能够让人深化情感，强化认同。

青年喜欢文创的生活美。文创很多的创意来源于对生活的感悟，比如生活中的各种心情、生活中的人际关系、生活中的琐事等；而文创很多的产品形式也与生活密切相关，例如生活用品、文具办公用品等。高校校园本身就是一个大生活社区，青年学生生活在其中，对校园生活有着丰富的感悟，利用文创，能够引导学生挖掘校园的生活美，表达校园的生活美，提升学生对校园的爱和对生活的热情。

青年喜欢文创的艺术美。文创的呈现形式常常表现为多样的艺术形式，例如漫画、插画、书法、微电影、音乐等，这些正是青年学生日常喜欢的。而高校专业的丰富多样性，青年学生的艺术创新性，正是高校开展文创开发的先天优势资源。如此一来，文创就成了关联"依靠青年创造艺术"与"用艺术感染青年"的完美载体。

青年喜欢文创的趣味美。文创与其他艺术题材的不同点在于它充满了趣味性。丰富有趣的网络语言和生动活泼的形象就是最典型的代表，也是最吸引青年之处。"看起来不那么一本正经"，却包含了很多青年学生都遇到过的事情，都有过的感悟，或能够引发他们联想和感同身受的内容，似乎有点"痛并快乐""笑着哭"的感觉，十分符合青年学生矛盾的心理发展阶段，也非常受青年学生欢迎。文创中的趣味，就是利用了这种矛盾冲突，达到升华提升的效果。

（二）"时尚创意"满足青年新鲜感

时尚，是一个时期的流行风气与社会环境，时尚引领潮流，是流行文化的表现。青年学生处于好奇心和求知欲最旺盛的阶段，喜欢新鲜事物、喜欢创造创新，因此对流行时尚有着异常敏感的感知度，也是最热衷于追逐时尚的群体。当文创产品把"时尚"与"创意"结合，文创产品就成为这个时期内社会环境崇尚的流行，它的年轻、个性、多变、公众认同和效仿的标新立异都将成为新时期的大众文化,从而满足了青年对新兴事物的新鲜感。

青年喜欢时尚的创意形式。文创全称是"文化创意",强调对文化内容进行创造性的整合和表达。在我国,文创的影响力已经上升到"中国创造"的高度。在文创中,我们经常可以听到"跨界"的合作创作,可以看到穿上时尚外衣的传统文化,这些具有创造性的呈现方式,无疑很有"吸睛"的效果。如果能把教育内容也通过文创进行全新的形式创作,让同样的内容以不同的、全新的方式呈现出来,甚至变成某种时尚,那么一定会让青年学生耳目一新,得到意想不到的效果。

青年喜欢时尚的文化内容。在时尚圈,存在着"十年一轮回"的说法。十年,也是一代人文化的变迁周期。文创擅长捕捉时尚的文化内容,也对文化有着宽厚的包容性。在同一件文创作品里,我们可能会同时看到古风与二次元的存在,看到传统习俗与现代习惯的融合。那么利用文创搭载我们的教育内容,也可以让传统变得时尚,让主流大众的文化变得清新个性起来,从而吸引青年学生主动去了解。

(三)"网络发声"尊重青年参与感

文创产生于网络新媒体时代,它不仅仅是某种看得到的实物,更是网络文化的延伸,受到网络的巨大影响。无论是内容来源还是推广途径,都无法脱离开网络进行。最有意思的是,通过网络互动,人人都可以参与到文创的创作、推广甚至创新中,使得青年不再只是文创的消费者,还同时成为创造者,从而激励了青年的参与感。如果用文创带动青年参与文化创作和传播,就能够达到思想政治教育中同辈教育、自我教育的作用。

青年喜欢参与文创创作。文创的语言是最容易创作和改编的。2013年,聚美的CEO陈欧创作了"我为自己代言"励志体,原本只在他个人微博上,结果迅速在网络上传开,无数青年都结合自己的经历和感受创造了自己的"代言体"。青年在参与创作或改造的过程里,不但接受了他人思想或价值的传递,也表达了自己独立的看法和心声。

青年喜欢参与文创推广。由于文创带有时尚气质,符合青年的口味,青年也喜欢借助文创来表达和传递自己的心声。在网络上,流行的话语或形象,基本都始于青年的共鸣,再被青年通过转发、评论、改造的形式推广,在这个过程中,形成了青年人的次群文化,从而在更多的青年人中产生影响。

二、"多元互动"激励青年参与

由于文创本身能够同时存在于网络虚拟世界和现实真实世界,因此,在使用文创的过程中,能够产生课内课外、网上网下、师生之间的多元互动,从而将青年学子更为紧密地联系在一起,积极主动地参与到学习和实践中。这也是贯彻"以生为本",尊重学生的主体地位,发挥学生"时尚"的优势,激发学生的热情和创造性,增强时代感与青春活力的一种工作方式。利用好这一点,能够缓解传统思想政治教育中青年学生被动学习的问题。

(一)课内课外互补,帮助青年知行合一

事实上,将文创产品用于第一课堂已经不是什么新鲜事。很多的教师在授课过程中,已经用到网络上制作优良的视频、动漫、语言等,以提升课堂的趣味性和教授的有效性。但事实上,文创还可以贯穿第一课堂和第二课堂,帮助青年学生实现知识和实践的统一。

文创的创作过程来自第一课堂,服务第二课堂。文创的内容创作或形式创作都需要创作者本身具有相关的知识和技能储备,这些大都来自于第一课堂学到的理论知识。将这些知识加工成为文创产品的过程,即理论转化为实践的过程,是知识整理、加工、内化、运用的过程。开发和使用文创,通常通过第二课堂的各种活动实现,比如某些比赛,或某些校园文化活动。文创丰富了活动的内容,为活动提供了更好的奖品、更好的素材、更好的宣传。

文创的传播过程借助第二课堂,影响第一课堂。通过校园文化活动的传播,这些原创的校园文创产品借助各种平台得到宣传和推广,得到了广大学生的认可。文创内容中涉及的知识和技术,就成为第一课堂的教材,或对第一课堂学到的知识进行检验,从而让学生们更加明确个人要掌握的知识范围。发展到目前,甚至还出现了"微课堂"、慕课等网上第一课堂,丰富了第一课堂的形式。

(二)网上网下结合,增强青年体验感悟

文创产品本身就具有网上和网下两种形式。文创产品的传播也包括实物产品传播和网上产品传播。青年参与到文创的创作和传播过程中,就可以同时通过网上网下的活动,增强体验,提升感悟。

网上参与传播和再创,增强感悟分享。在新媒体网络空间中,文创产品突破了空间和时间限制,成为学生们自主了解、学习的内容,也容易被学生收藏、下载、转发、评论、改造、分享,形成更大范围的传播和再创。在这个过程里,青年学生可以实时地记录、表达、分享自己的学习心得,还可以随时查看回顾自己的发言记录,这是普通课堂上无法达到的宽度和深度。

网下融入学习和生活,增强心得体验。青年学生的生活喜好在很大程度上影响了校园文化产品的创作,他们不仅是校园文创产品的受众者,也是这些产品的创作者、推广者。一方面,青年学生创作的文创产品以青年学生的视角,融合了他们的在校园学习生活中汲取的灵感,为文创产品提供创意。这个创作和再创的过程,提升了他们对学习和生活的观察力、感悟力和总结力;另一方面,这些文创产品就是用于平时的学习和生活的,小到一件卡套,大到一堂微课视频,都是青年学生日常中的一部分,融入生活的点滴,从而起到了潜移默化、细水长流的效果,这也是普通课堂无法企及的广度和持久度。

(三)教者学者转化,促使青年教学相长

网络信息爆炸的时代,教师已经不再是信息的主导者,师生之间的关系可以实现互相转化。高校文创主体是学生,文创的创作过程就类似一部电影的创作过程,教师如同导演,而编剧、演员和观众都由青年学生来担任。导演的主要职责是"导",只起到引导和组织的作用,他需要尊重编剧的想法、演员的建议和观众的评价,调整自己原来的创作思路;而编剧、导演和演员，因为创作的产品是给青年学生的，他们可以结合自己的体验、看法或专业知识，给予导演建议和意见。这样，在文创创作过程中，师生之间的界限就不明显了，可以互为"教"与"学"，由此，促使青年达到教学相长的目的。

三、"内涵发展"引领青年思想

"内涵式发展"已经成为高校发展的热词。内涵式发展是发展结构模式的一种类型，是以事物的内部因素作为动力和资源的发展模式。对于高校的思想政治教育来说，学生的理想、信念、道德、法治、心理、价值观等观念指标和行动能力是学校思政教育的评判标准。文创尽管形式非常吸引人，但真正能够保持住青年对其兴趣和热情的正是富有内涵的文创内容，这也是引领青年思想的根本。文创提倡"技术为用，内容为王"，通过深度的思考，走心的表达，实现"入脑、入心"。这样一种方式，克服了传统思政工作不够尊重内心体验和缺乏经历同感的缺点，从而能够缓解思政工作不够深入的问题。

（一）内心探索，激发青年情感共鸣

文创的内容是唯物主义的，形式却是"走心"的。它体现的是青年人的生活，反映的是青年人的心声，讨论的是青年人的困惑，激发的是青年人的情感。文创内容往往是借助一个细节，通过一个故事，利用一句富有生活味道的话来引起读者的回忆、激发起情感共鸣。这个细节、故事或这一句话，是对青年内心的深度探索和提炼得到的，是"深入浅出"的典范。简单不复杂的细节或故事，容易"入脑"，深度提炼的话语，直接"入心"。

（二）智慧交锋，提升青年思想高度

文创顺应了碎片文化和大众化的趋势，激活了大众的文创潜能，造就了"人人都是创作者"的新格局，形成了鲜明的特点：门槛低，易发表，易传播，群体大，市场化。这种平等大众的文化创作和交流平台也大大激发了广大青年学子探求知识、抒发情感、畅谈观点的欲望。只有在强烈的思维碰撞、智慧交锋过程中，才能提炼出符合青年需求，走入青年内心，被青年接受和认可的优秀文创产品。但这并未停止，文创作品发布后，还可以通过线上线下的活动，允许更多的青年评论、改造、讨论，在这种不断讨论提升的过程里，青年的思想高度得到提升。

（三）正向能量，鼓励青年向上向善

如今，在以互联网为主导的新时代潮流中，引导青年学生树立正确的价值观的渠道和手段也已然发生了重大变化。新兴的网络文艺创作生产正在潜移默化地影响着这一代青年学生的价值观的树立。早在 2014 年10 月，习近平总书记在文艺座谈会上的讲话中指出："要适应形势发展，抓好网络文艺创作生产，加强正面引导力度"。《人民日报》则直接指出了"网络文艺，当如春日清风"。文创正是以其海量的作品规模、广泛的受众群体、持续的舆论影响，形成了巨大的文化力量和价值体系，正在逐步地融入青年学生的生活，逐渐影响着青年学生的价值观念，同时也起着引导青年学生树立正确价值观的不可替代的作用。优秀的文创作品引领青年学子传递真善美，传递向上向善的价值观，彰显信仰之美、崇高之美。

第二节　以产品创影响，文创设计妙不可言

截至 2017 年 5 月，小葵文创已经打造出线上产品 178 件，实物产品560 余件，包含"社会主义核心价值观、井冈山传统教育、团宣教育、爱校荣校、'两学一做'学习教育"等 8 个系列。小葵文创产品丰富多元，围绕着"爱、忠诚、责任、理想"的小葵精神，取材于同学们日常的学习生活，发掘了团员们的首创精神，经过小葵团队一次又一次"头脑风暴"，创作出受到广大师生喜爱的文创产品。这些文创产品有效地增强了线上线下活动的吸引力和凝聚力，扩大了共青团的影响力和覆盖面，创造性地达到了共青团开展思想引领的目的。

一、创新教育载体,让有意义的事做得有意思

教育载体,即储存、复制或传递教育信息的物质。教育信息主要通过两类载体达到传递目的。第一载体主要是文化符号系统,如文字、符号、图形、表格和曲线等;第二载体是物理领域中的声、光、电三种形式的媒介。文创产品同时搭载了两种载体,让信息变得更为多元具象,能够更立体地体现所要传达的教育信息。而且,因为文创要求所呈现的信息要高度凝练集中,符合了"快速阅读"的需要,因此,可以让我们所传递的思想更精炼、更有趣。

(一)"有趣"继而"兴趣"

文创有很多的形式,无论是动漫视频、表情、数字化的产品形式,还是U盘、漫画册、本子等实体形式,都迎合了高校大学生的文化口味——可爱的外形、有趣的卡通、生动的故事、潮流的表情,完全不带"课本味儿"、没有"理论口音",自然很容易吸引到他们的目光,引发他们的兴趣。

小葵文创给大学生们带来的"趣"有四种:

第一是形象有趣。小葵文创紧扣教育利用见"微"知著的工作思维,围绕着"小葵"的形象进行设计。"沐浴阳光、青春绽放"的小葵形象,是在近百件福建师范大学学生设计作品中精心挑选出来的,是按照大学生所认可的形象和形象精神设计的,很容易得到学生们的青睐。而小葵这个形象本身,也在文创中体现出了个性特征的诸多方面——可以积极向上、也可以呆萌搞怪;可以勇敢进取,也可以困惑懵懂;可以开朗乐观,也可以义正词严,正代表着当代大学生的形象,实现了因"真"而兴趣。

第二是语言有趣。小葵文创紧扣教育表达"微"言大义的引导理念,用活简练、生动、接地气的网络语言,在轻松、幽默和快乐中传递正面积极的能量。让读者感受到浓浓的"人味儿",甚至说是"大学生味儿"。而且,小葵文创在新系列推出的时候,都能第一时间利用大学生们关注的热词热言,配合以正面、向上的内容,让人感觉有趣、时尚的同时,过滤掉了"娱乐化"和"低俗化"的一面,又让人因"雅"而兴趣。

第三是主题有趣。小葵文创紧扣教育内涵体贴入"微"的工作要求，设计的主题往往是"以小见大"，某个故事、某个节日、某个活动、某首歌曲、某个人物、某场会议、某句名言，都可以成为小葵文创的主题，这些主题紧扣大学生所熟悉的学习生活和所关心的热点事件，借小葵的口吻，传递出精致、暖心、积极和美好，避免了"高大上"和"假大空"，实现了因"实"而兴趣。

第四是形式有趣。小葵文创紧扣教育领域无"微"不至的时代特征，采用了主流、时尚、亲切的形式。在小葵实物文创产品中，你不仅仅可以见到文创产品形式中常见的画册、笔记本、U 盘、鼠标垫等文具、生活用品，甚至还可以发现脑洞巨大的"小葵瓜子""小葵输入法""小葵十二星座形象""小葵游戏"，和体现了校内各种专业特色的产品，比如小葵与法学院合作推出了"小葵说法"四格漫画，按月份，结合每个月的特殊节日将与大学生日常生活紧密相关的 12 部法律法规，用顺口溜形式点出了知识核心，并把四格漫画做成了台历和月历壁纸；与社会历史学院合作推出了"小葵说传统文化"口袋书，以漫画故事的形式将我国传统的一些节日和节日文化习俗做了有趣的介绍；与马克思主义学院合作推出的"小葵说经典"，将经典理论进行通俗化、形象化解读等，这些各具特色的产品，迅速实现"吸粉"，正是因"新"而兴趣。

(二)"想学"继而"好学"

小葵文创的"趣"为小葵文创所想引导的"学"开了一个好头。但同时，小葵文创还牢牢抓住了"90 后"大学生的三个心理特点。即：好奇心强烈、自我中心明显的认知特点；情感强烈且外显张扬的情感特点；自主意识强烈、渴望独立的行为特点。因此，有效地激发了"90 后"大学生通过文创形式接受价值传导的动机，同时传递了一种思想引领的方法，实现了从"想学"到"好学"的蜕变。

小葵文创具备让大学生们主动接受思想和价值传输的三种优势：

第一是激发了学习的好奇心。课件、文章、讲座、经验交流等这些传统和常见的思想教育方式，大学生们司空见惯，早已经见怪不怪，甚至麻木了。因此，思政工作者常常会感慨——明明是思想大餐，怎么就不受欢迎呢？选择文创，正是"不按套路出招"，由被动吸引到主动关注。在小葵文创里，很少看见单纯的理论，却常常见到大大小小的各种故事，让枯燥的理论灌输变为了故事熏陶。借助故事的情节推进、画风色彩、人物对比等方式，成功地激发大学生的好奇心，想去了解故事的结果，并去总结故事带来的启发。2017年3月，受中组部、福建省委组织部委托，福建师范大学小葵新媒体工作室原创开发《准则大家学》《条例轻松学》20部微动画，采用MG动画形式，融入生动的解说、声效、游戏等元素，在形式上做到美观、新颖、活泼，内容上贴近青年、贴近实际、贴近生活。系列动画在创作时候秉持化刚为柔、刚柔并济，以"柔"的内容和形式传播"刚"的要求，让党员再潜移默化中学习、接收、传播、践行党的法规，准确传播党的声音，做到不变声、不丢音、不跑调。动画片在共产党员网、共产党员微信号向全国8900万党员推出后，短短半个月内获得1000万点击量。故事总是不一样的，就像一部电视剧开了头，就很想再继续追到结局一样。小葵文创有许多系列，其中的故事，就让大学生们因"新鲜"而好学。

第二是激发了情感的共鸣。小葵文创中的小葵很多的画册、视频，在脚本创作中尽可能根据青年特点加入情感诉求，让价值观教育更具表现力。譬如，中国传统文化的文化自信、团员的归属感、荣校爱校的情感激发，这些看似很宽泛笼统的思想道德引领，在小葵文创中，成为一系列大学生们都听说或经历过的印象深刻的故事、成为他们脑海中一连串回溯的记忆。故事结尾并没有帮同学们总结出某种警示，却因为"和我们相关"，同学们情不自禁地产生了感动、怀念、光荣、愤怒、后悔等各种情感和情绪，自发地开始了总结和反思。比如，2016年圣诞节后，小葵在微博推出了《传统节日——不可辜负的中国记忆》，几幅融合了中国传统节日习俗的小葵漫画，迅速在同学们中传播开来，在微博的评论留言中，大家纷纷开始回忆自己家乡过节的习俗，表达过节时自己的感受，体验到中国传统文化的博大精深，也更愿意去了解更多的优秀的中国传统文化，并为身为世界文明大国的一员而倍感自豪。这，正是因"感动"而"好学"。

第三是激发了参与的热情。文创有一个其他载体无法企及的优势，即充分尊重消费者的话语权。小葵文创中很多语言、形象、话题，其实都是取材于大学生们当下所关注和喜欢的内容，激发起情感的共鸣后，自然就引发了受众的参与。最初，小葵文创的创意和话题可能还来自于老师们对大学生群体的理解，但很快，小葵文创就成为同学们表达心声、发扬创意的舞台，起到了"鲶鱼效应"般的效果。如今，小葵文创的主创者基本都是在校的大学生，他们要推出小葵文创产品，就必须先寻找和总结所要传递的内容和价值。"消费者"和"制造者"融为一体，同学们成为小葵文创的主人，既是制造者，又是受众，通过这样一种自我教育，实现了因"参与"而"好学"。

（三）"求新"继而"创新"

文创本身就是文化载体的一种创新。小葵文创利用了文创的"瓶"，装了主流思想和核心价值的"酒"，是对高校思想和价值传导方式的一种创新。这种创新也使得大学生们在思想上焕然一新。

小葵文创的创新集中体现于以下三点：

第一是解读方式新。文创既然是"文化创意"，必然承载着某种思想和观点，但这种思想或观点，必然是创造者解读过的，并期待传递出去的。与我们所熟悉的"抽象、大篇幅"的"抽象式""发散式"的解读方式不同，文创反其道而行之，采用了"具象化"和"凝练式"。首先，文创常常把某种思想借用某个具体的图案、某句话、某个故事、某个表情表达出来，使得抽象变为具体；其次，文创极少去表达某种观点的意义或内涵，而是把复杂的观点变成高度凝练的文字，去引发读者更多的联想和解读。小葵文创系列中，有一套《社会主义核心价值观》12 幅图，仅仅用了 12 幅单幅图画，每幅画都是非常生活化的场景，生动地表现出了社会主义核心价值观的内涵，通俗易懂，深入浅出。而全套作品用的文字仅仅只有社会主义核心价值观的 24 个字。此可谓因思想的"解放"而"焕新"。

第二是传导方式新。一方面，文创产品可以同时融合各种文化符号和各种物理媒介，同时引发多感官的体验，它能够充分调动受众者的视觉、听觉、触觉、甚至味觉,是一种全方位的有益刺激,因此,给人的感受是非常深刻的。同学们在欣赏的过程中,不知不觉已经开始调动自己的经验、知识去解释、总结这些故事所要呈现的价值观,并非常容易接受和内化。另一方面,文创在传递思想或价值时,能够将命令口吻变为艺术感染。无论是短视频、微电影,还是动漫短片,都能够让所想表达的观点进行戏剧化的呈现,从而提升整体感染力。艺术的表现手法是开放性的,通常不直接灌输某种观点,而是给予某些线索,结合情感的共鸣、思维的碰撞,从而自发地形成我们所期待传递的价值。比如,《小葵诞生记》是一部较早的小葵文创视频作品,全片没有一个解说词,只有一张张在参与小葵品牌建设过程中,每个师生或认真思考、或侃侃而谈的表情,每一场讨论会大家各抒己见的场面,每一稿中复杂的批注,配上各种总结性的数字,让观看者感受到一种团队力量和我校师生拼搏进取、团结向上的精神面貌,并为之自豪。此可谓因"开放"而"焕新"。

第三是创作方式新。首先,小葵文创分为线上产品和线下产品。小葵的线上产品就类似电影和游戏,是开展思想引领的主力。而小葵的线下产品则类似于电影和游戏的周边,用于线下教育活动推广。线上线下产品形成了彼此呼应,增强了教育的实效;其次,得益于高校专业的多样性,以及高校师生无限的创造力,小葵文创采取了极富有特色又十分高效的创作方式,即校团委统筹、小葵工作室文创组与各学院各专业以项目组形式参与的形式完成。这样既发挥了各学院各专业的特色,丰富了小葵文创的类型和内容,又减轻了校团委从事文创开发的压力。更重要的是,让更多的师生能够参与到小葵文创的创作中,引发出更多的思想火花。此可谓因"宽放"而"焕新"。

二、优化教育资源,让有内涵的事做得有内容

一个国家、一个民族的强盛,总是以文化兴盛为支撑的。没有文明的继承和发展,没有文化的弘扬和繁荣,就没有中国梦的实现。文化资源是高校的教育资源中非常重要的资源。在思想政治教育中,我们最需要通

过文化的传递达成思想教育目的。我们不乏富有内涵的文化教育资源，但却缺乏有效的呈现手段。小葵选择文创，正是因为文创这种方式能够将各式类别、各种层次的文化资源整合在一起，特别是对传统文化资源、艺术文化资源、校园文化资源、时尚文化资源进行优化排列组合，并通过网络新媒体实现各种资源的共享，达到优化内容、提升质量、提高效益的目的。

（一）"传统"变得"体统"

传统文化是社会主义核心价值观的要义和根源，二者相辅相成。在小葵文创展品中，我们可以看得见很多传统文化的内容，并通过传统文化起到怡情养志、涵养文明的作用，用其中的好故事、好精神、好品德增强大学生的文化自信。

小葵文创是怎样利用看上去似乎"守旧枯燥"的传统文化呢？

第一是去粗取精。各种人类文明都各有千秋，也各有不足。中华文明、中华文化也是如此。对先人传承下来的文化和道德规范，要再去粗取精、去伪存真。作为文化高度凝练和创意呈现的小葵文创，自然非常适合用"精品"的形式，对所要表达的传统文化进行筛选，取之精华，正面体现传统文化的核心内容。比如，小葵传统文化系列漫画，用七幅图讲述了中国传统的风俗、习惯、道德等，做到了血脉和精神"正统"而"体统"。

第二是推陈出新。对中华传统文化，要采取兼收并蓄的态度，坚持古为今用、推陈出新的方法，有鉴别地加以对待，有扬弃地予以继承，让它既具有历史感，又富有时代感。中国的文创市场，特别是台湾文创，能够在众多类别文创中脱颖而出，很重要的原因就是带着浓厚的本土风格，体现了厚重的历史韵味，但又贴合现代人的心理特征和爱好。因此，小葵文创也一直努力实现传统经典与现代艺术的碰撞。比如《葵母三迁》《棉衣浸盐》，用小葵的现代形象和网络语言讲述了中国传统故事、革命故事，就是一个典型的案例。这样，做到了传统和现代的"统一"而"体统"。

（二）"文化"变得"文艺"

当下如果问大学生中流行的情怀是什么，那一定少不了"文艺"与

"小清新"。文艺范儿,就是尊重传统,回归自然。小清新最初指的是一种以清新唯美、随意创作风格见长的音乐类型,之后逐渐扩散到文学、电影、摄影等各种文化艺术领域。这种起初颇为小众的风格,现在已逐步形成一种亚文化现象,受到众多年轻人的追捧,尤其受到大学生们的喜爱,他们追求清新、唯美的文艺作品和生活方式,秉承淡雅、自然、朴实、超脱、静谧的特点而存在。小清新,似乎已经渐渐成为青春与活力的代名词。

文创是一种文艺化的表达方式,而小葵文创自然擅长"小清新"。小葵文创充分利用了两种文化资源,将教育文化用文艺的手法表达出来。

第一是用透艺术文化资源。艺术包装可以将教育内容通过柔性的、隐形的方式传达。小葵文创产品利用了新媒体技术优势,创作富有时代感和亲和力的脚本,辅之以电影剪辑、音效配乐等艺术化的表达方式,强化教育的视觉冲击力。小葵产品形式,也运用了很多艺术手法,比如沙画、剪纸、手绘、朗诵、原创歌曲等,让艺术文化资源通过小葵文创与大学生们的内心产生了极大的共鸣共振,做到了因富有"艺术"美而"文艺"。

第二是用足校园文化资源。小葵代表的是福建师范大学学生的形象,小葵文创事实上也是校园文化的体现。小葵文创中的一个系列,集中反映了福师大的校园文化,包括《小葵说校训》《小葵带你看党代会》《高水平大学生是怎样练成的》《小葵说"中国好大学"》等介绍校园历史和建设成就的内容,以及《小葵说青运》《小葵说之为爱防艾,你我同在》等结合了当下校园学生活动热点的内容,这些漫画、折页,让优良的校园文化通过小葵文创产品被更多师大人认同、传承和骄傲,也让非师大人更加了解师大,做到了因富有校园气息的"才艺"美而"文艺"。

(三)"时尚"变得"高尚"

大学生对时尚往往有着敏锐的嗅觉。他们追求时尚的概念延伸、时尚的生活方式。文创正流行,因为它具备着时尚所具有的潮流、前卫、趣味、开放等多种特征。思政教育不是刻板守旧,思想潮流的变化本身也是一种时尚。在教育中,单纯的时尚是不够的,但是没有携带时尚特征的文化倡导也是缺乏吸引力的。

"小葵"文创产品基本都是选择潮流元素进行二次加工、系统整合，通过巧妙的设计和宣传，利用时尚文化的辐射性和开放性倡导内化于无形。

第一是利用时尚文化的辐射性。时尚文化它具有崭新性、前沿性、活跃性的特征。文化时尚总是与大众传媒紧密地黏合在一起，大众传媒是文化时尚生产、传播的主要策源地，因此时尚文化有着天生的辐射性。小葵文创的很多形式，比如线上产品的微电影、动漫视频、H5 页面、沙画、手机主题和表情、微博模板等；以及线下产品形式，如自拍神器、手机支架、徽章等，就是时下年轻人中已经在流行的。因此，思想大餐只要搭载着时尚外壳的航船，就容易到达大学生群体中，实现化"爱尚"为"高尚"。

第二是利用时尚文化的群体化。时尚的青春一族有其独立的生活态度，他们感觉敏锐，追求品质，有强烈的相互认同感和归属感，为他们所认可的东西将获得他们持续和热烈的追捧。伴随这些时尚文化而来的网络产品，甚至语言和生活习惯逐渐被青少年所喜爱和追逐，形成他们的一种生活方式和文化形态。小葵文创着眼于大学生这一群体，关心他们关心的，解读他们想了解的，并将经过加工和优化的时尚内容传递给他们，在群体中激发涟漪之势。比如当大学生们在关心假期旅游、创业实践、网上订票的时候，小葵就及时用诙谐的网络语言，将相关的"秘籍""攻略"传递给他们，在解决了需求的同时，"顺带"地倡导一下"文明旅游""合法注册工商营业执照""不刷票买黄牛票"等，实现内化无形的无声倡导，化"时尚"为"高尚"。

三、转变教育方法，让有阻力的事做得有吸引力

大学生思想政治教育常见的传统方法有：疏导教育法、典型教育法、理论教育法、因果分析法等。近年来，网络思想政治教育越来越得到重视，因为它旨在建立一个人人平等参与的互动、开放的教学模式。在这一过程中，思想政治教育不拘泥于静态的文字表述，注重综合采用各种多媒体技术，以精彩的画面和丰富的内容吸引人们进行双向互动，引导人们积

极地参加到教育过程中来,实现思想认识的提高。文创正是网络思想政治教育的一种方法,其平等性和开放性,使得思想政治教育中那些初衷很好但却难以被大学生接受的尴尬局面得到良好的缓解,并转化为富有吸引力的工作。

(一)"走心"才会"动心"

大学生充满感性,尤其"90后""95后"大学生自我意识强烈,特别重视自我的体验、感受是否得到理解和重视。而校园文创中的故事,充满"将心比心"的善意,和一种设身处地思考的匠心。人性化的故事,能够使大学生感到亲和、温情、充满同理心,实现真正感动人、说服人、教育人。

小葵文创从一开始就特别注重与大学生的平等互动。

第一,说走心故事。"有故事才有人生"。诉说故事能够激发读者的想象,增强读者的文本黏性,激活读者的情感神经。在大学生的成长过程中,能够让他们记忆深刻、长存于心的东西往往是充满生活化、人性化和柔性化的故事。文创内容常常以短小精悍的故事传递情感,通过走心的故事引发大学生的同感和共鸣,让他们觉得我们所传递的思想是建立在他们所经历过的生活经验上、建立在有血有肉的真情实感基础上。这样一来,故事就更易于被学生接受、理解和内化,从而达到因"相同的经历"而"心动"。

第二,现真实性情。小葵文创中,不但在形式创作上体现无微不至的关怀,还在故事讲述上加入许多人性化的处理。譬如,小葵这个人物本身,并不是一个"完美无缺"的"标兵学生"形象,而是在故事中也会有生气、愤怒、懒惰、疑惑等负面情绪,但通过受帮助或帮助别人最终实现自我成长的"普通学生"形象。学生们会觉得自己仿佛就是某个阶段的小葵,在故事中和小葵共同成长,共同进步,从而达到因"相同的心情"而"心动"。

第三,做柔性表达。文创能够实现文字内容图示化、理性概念感性化、抽象符号具体化的转变,通过影像化、符号化的感性传播方式,让价值观念、行为准则和立项目标更能得到理解和认同,使得这样的产品能够对人"晓之以理、动之以情、笃之以行"。小葵文创在说故事的过程中,基本全部使用生动的动漫形象、健康但是有趣的"网言网语"式文字表达、精炼易读的图表解说来实现柔性化表达。虽简约却不简单,虽源于精心设计但传递时含蓄无意。读者在阅读过程中,不经意地因为某个细节或段落引发了共鸣,就降低了接受改变的抵触,提高了去深入体会的动机。这样,就达到了因为"相同的理解"而"心动"的传递效果。

(二)"互补"才会"大补"

"90后""95后"大学生深受大众传媒的影响,信息量更大、知识面更广泛、知识更新速度更快,对新事物的接受能力非常强,喜欢寻求刺激、追求新鲜感,而且学习能力也很强,思维活跃、创造性强。经常求新、求变,不甘安于现状,并且善于从外部接受新信息、学习新东西。文创特别擅长利用用户的上述特征,总结用户心得,主动去了解、贴合用户的需求,从而得到用户的青睐与欣赏。

小葵文创的出发点也正是为了优化大学生们的用户体验。

第一,主动把握大学生心理。文创产品形式活泼、趣味性强、阅读性强,相较传统的说教式、灌输式为主的课程、讲座,无疑更加符合大学生求新求趣的心理。小葵文创从求新教育观念、求变教育方式、求实教育效果、求奇教育工具四个方面做出了探索和尝试,将泛泛而谈的话语转化为精细化定点投放,符合学生用户的心理需求,使得"被动接受"转变为"主动探索"。

第二,主动迎合大学生的需求。文创产品每一个主题的推出,每一种形式的选择,都是在对同学们现实需求的判断上做出的,是对同学们思想困惑的一种回应。譬如,福师大的学生们对入党是非常关注和积极的。可是很多学生,特别是新生,在提交入党申请书前,常常会对入党的程序存在很大的困惑。小葵文创及时捕捉到同学们的需求,制作了《小葵入党记》动漫视频,用简练易懂的图片和解说介绍了入党的流程和要求,成为同学们入党的优秀教材。这种方式,大大区别于传统的文件精神学习,因为与学生们的个人需求联系在了一起,不但生动地完成了一次学习,还在服务学生的同时提升了大家爱党爱校的归属感。正因为做到了"以生为本""要我学"最终转变为"我要学"。

(三)"主动"才会"生动"

"90 后""95 后"大学生是一个有趣的矛盾体——他们在网络世界里热情奔放,却在现实生活里沉默孤独。文创也是一个有趣的矛盾体——尽管内容和形式上活泼生动,但脱离了与人的互动和网络的传播就变成了死体。由此,文创与大学生们形成了需求互补的双方,文创为大学生提供了代为倾听声音表达感受的舞台,而大学生们也为文创提供了价值传递的媒介。

小葵文创发现了文创与大学生这种有趣的关系,从而让双方扬长避短。

第一,尊重大学生的情感表达方式。既然他们喜欢"待我长发及腰""不明觉厉""皮皮虾我们走"等类型的"隐匿式"的表达,那么学校就提供文创这个平台来让他们充分发挥吧!在文创中,每个大学生可以看到那个在安全的世界里真实的、希望充分表达自我的自己。那么,在心理上更贴近、从态度上更积极的转变就成为自然而然的事情了。在小葵文创里,小葵的语言就和生活中大学生的语言风格一样,只是更充满积极向上的正能量,为大学生们补足了信心和勇气。

第二,发挥大学生的口碑传递作用。文创所传递的思想内容,不需要刻意的灌输,而是在同学们的反思总结、口口相传、转发评论中完成。这样就实现了"启发式教育""群体性教育",为大学生们补足了深度和高度。现在,小葵文创已经有了较大的产品数量,也不仅仅满足于线上的评论转发。2016 年,小葵在校内建立了小葵馆,馆内集中展示了所有的小葵系列文创,前后吸引到包括国家副主席李源潮同志在内的各级领导,也吸引到各个高校到校参观,更让每一名来观摩的同学们直接感受到小葵的巨大能量,并吸引越来越多的人到场感受和学习。

四、活化教育对象,让有活力的事做得有魅力

文创取材于生活,服务于消费者。可以说,文创的内容来自于消费者,而消费者又购买了文创内容。那么某种意义上来说,文创产品和消费者形成了"共生共处"的关系。我们把文创用于思想教育,同样是取材于大学生,服务于大学生。大学生们多元化思想和价值观影响了文创内容,而文创内容中经过梳理的主流思想和核心价值又反过来影响着大学生。于是,大学生作为我们的教育对象,就不仅仅是被动的教育接受者了,他们和教育者一起直接地参与了文创的创作和传播,又反过来影响了文创的内容和发展。这样一来,小葵文创不但充满了活力,还充满了魅力。

小葵文创的创作过程和影响过程,大学生们全程参与,于是,小葵文创就成为一种"体验式、渗透式"的教育方式。学生们通过参与创作和传播过程,收获了思想的梳理与转变、个人能力和团队协作能力的提高。

(一)"参与"有了"赋予"

目前,小葵已经开发了"小葵说"12 系列 106 件产品、视频动漫 3 系列 48 件产品、绘本折页 10 系列 78 件产品、实体产品 3 系列 48 件产品、网络文创 4 系列 124 件产品。数量如此之大的产品,如果仅仅依托某个部门显然是无法完成的,事实上,这些产品是在校团委的组织发动下,调动了全校 20 多个学院、数百名骨干师生力量共同完成的。最初,他们觉得自己只是一个参与者,但在随后的创作过程里,他们已经和小葵自发地联系在一起:他们是产品的母亲,赋予产品自己的优良基因,与此同时他们也体会到责任感和爱。因而在小葵文创的过程中,强化了主人翁精神,弱化了受教育者"要我做"的被动心态,强化了大学生作为高水平大学建设者"我要做"的身份,通过参与文创设计、制作、推广,达到了"自我教育""同辈教育"的良好效果。

(二)"指导"有了"传导"

小葵文创的创作过程中,老师们仍然发挥了巨大的指导作用。如果说学生们是文创创作过程中的输入装置、搅拌器和输出装置,负责构想主

题、筹划内容和制作推广;那么老师们就像过滤器和加工器,把学生们多元化的思想和价值观进行梳理和筛选,再通过修改内容的呈现方式,升华了每一件文创产品的意义。在一件文创产品完成的过程中,创作团队的每个人都能够得到非常具体的个性化指导,从而生成具有代表性的成果。但教育成果远远没有结束,而是借助完成的文创产品将这些获得传递给更多的人,实现了"一小块糖,使整杯水都甜了起来"的教育辐射效果。

(三)"配合"有了"融合"

小葵文创,是由一群非专业的人士做出来的专业的事情。在文创整个开发流程中,学生要发挥自己的专业特长、兴趣特长,在团队中把自己所学到的专业知识应用到文创开发中,主动学习自己不擅长的知识内容。每个文创产品开发的背后,哪怕只是一句话,都是参与开发的学生们在查阅了大量的资料、对比了各种的表现形式后所提炼出的精华。这样,在开发文创的过程中,就悄然实现了第一课堂与第二课堂的无缝对接——反哺第一课堂,提升第二课堂的作用。使得课堂教育和课外活动从"分割断裂"变成了"有机互补",并提升了过程的趣味性、形式的多样性,达成人人可参与、人人易参与的实效。之前提过的《小葵说法》系列,当时参与设计的同学是大二学生,刚开始学习部门法。做完这套文创系列脚本,他感慨地说,为了收集整理这 12 部法律法规,他查询了近 30 部法律法规,其中大部分是他还没有开始学习的,通过这次的文创设计,他不知不觉地就预习了还没有学习的 27 部法规,觉得"特别值得"。

第三节 以教育为本质,文创开发居安思危

全国已经有非常多的高校都开始有了自己的形象代言人,有了自己的文创开发。但是,鉴于学校性质、政策倾向、智力资源等各种因素的影响,每个高校文创的发展路径和程度大相径庭,甚至有些高校在文创开发的过程中举步维艰。高校文创开发与市场的商品文创开发有着本质的不

同,因为高校文创的本质在于为教育服务,而不是为品牌获利。因此,我们需要在目前热火朝天的热潮背后居安思危,小心地避免四种误区,提高高校文创开展柔性思想引领的有效性。

一、内涵与形式同在,坚持内容输出

形式与内涵,是文创最重要的两个成分。最先也最容易引发关注的,是文创的形式部分。然而,文创要想保持一个长期的生命力,就必须不断提升内涵。

(一)形式多样:吸引用户关注

在高校文创开发的初期,为了提高文创产品对学生的关注度和吸引力,我们首先会想到设计形式丰富有趣的产品;在文创开发的中期,我们也会关注大学生不断更新的兴趣热点或时尚潮流,由此保持同学们对文创产品的新鲜感。文创本身丰富多彩的形式,无疑是"抓住眼球"、引发关注的"利器"。

(二)内容制胜:保持用户粘性

我们无法忽略高校文创的核心所在,那就是具备高价值、富有内涵的内容。这就需要我们的文创产品成为一个真正的"思政教育专家"。大学生们将文创视为情感表达的工具,同时也是增长见识、提升思想认识的工具。文创的形式也许带着明显的娱乐性,但所搭载的内容却需要让他感受到"有价值",能够获得成长和提高。因此,高校的文创应该尽量提供一些让大学生们感兴趣和想了解的内容。文创产品的内容必须是精品,是精品化了的思想内涵。如果他们觉得不但可以从文创产品中获取有益信息,还能帮助他们先明确自己的世界观、人生观、价值观,从而感受到满满的正能量时,他们就会不断以此来充电。因此,保持用户黏性,必须坚持内容输出,依靠内容制胜。

(三)扬长避短:提升用户口碑

相比市场上的文创,高校文创由于受到人力、物力以及受众面的限制,很难拥有市场文创那样的资本去开展创作。如果只关注产品形式,就

容易陷入流于模仿,缺乏个性的尴尬。同时,哪怕形式再新,也很难超过市场上文创形式创新的速度和规模。与市场同类型产品相比,高校文创产品的数量和质量都很可能难以望其项背。与其将有限的精力投入到不擅长的形式开发领域,不如回归教育本质,将资源投入到内容的不断提升和精品输出上。

那么在文创开发中,就要不断提升文创的品质和内涵,设计时,除了在包装、呈现形态上进行设计外,更要充分考虑到本校的思想政治教育重点和特点,将本地和本校的人文精神、工作要点、师生特质等方面进行深入的分析解读,更多地运用抽象化、含义转化等方法,把大道理转化为小道理,把枯燥晦涩的知识转变为有趣易懂的知识,赋予文创产品更多精神层次的内涵,让高校文创成为本校文化的一种集中式体现,从而提升文创在学生心中的口碑,提升文创在思想引领方面的影响力。

二、个性与模仿协作,坚持激发活力

"每一个创新都始于模仿"。小葵也不例外,在发展初期和发展过程中,小葵也在产品形式、语言风格、形象风格等很多方面参考了目前在文创市场中做得较为出色的文创品牌。但随着经验的积累,小葵已经有了自己鲜明的个性特征,形成了自己独一无二的品牌影响力,在众多的文创品牌中,塑造了自己独特的魅力。

(一)始于模仿:站在巨人肩膀

显然,小葵文创并不是文创的先驱。因为在刚开始,小葵其实采用的是"贴牌制作",利用现有的一些产品,如笔记本、水笔、抱枕等,定制印刷上小葵形象和内容。小葵最早的文创产品,也仅仅是用来作为校园文化活动的奖品的。书签、马克杯、笔记本、优盘……当这些大学生们熟悉的文创产品形式上印上了他们喜欢的小葵,小葵文创第一次俘获了学生们的心。

但是,这和原创显然还是有距离的。然而,这并不妨碍小葵的发展。通过这些贴牌制作,使得小葵越来越了解文创的意义,越来越掌握到文创设计的基础因素和关键要素。站在现有的文创产品肩膀上,小葵开始看到了自己的希望。

(二)探索个性:形成个性品牌

新鲜感过后,单纯的模仿很容易引发审美疲劳,如果只是单纯的形式模仿,小葵文创可能永远只能作为活动奖品存在。小葵与大家耳熟能详的文创品牌,比如"叨叨""馒头家族"能够怎样区分出来呢?此时,小葵开始了个性化的探索。

首先,思索小葵文创的功能定义。小葵文创植根于高校,必须为高校思政教育服务,以育人效果作为功能考核核心指标。与台湾文创相比,迫切需要突出思想深度,把思想政治教育无声地植入产品当中。

其次,思索小葵文创的特长设计。小葵文创是为高校思政育人服务的,它的特长自然也是思想引领和价值引导。

再次,思索小葵文创的资源优势。第一,高校有着丰富的人力资源,高校里不乏富有激情和创造力的青年人;第二,福建师范大学作为综合性的大学,有着丰富的专业优势,无论是艺术相关还是技术相关,都有足够的专业和技术支撑;第三,福建师范大学有着成熟的网络思政教育阵地,可以为小葵文创提供现成的具有巨大传播能力的平台;第四,校领导重视网络思想政治教育,在政策和经费方面给予了巨大的支持。

藉此,小葵为自己摸索出一条以思政教育为目的,以在校师生为力量,以传播青春正能量、服务青年学生成长为渠道的个性发展道路,随着影响力的逐渐扩大,形成了全国独一无二的教育品牌。

(三)激发活力:坚持创新创造

高校的文创不是产业,它始终是为育人服务的。在明白这点后,小葵开始激发全校全专业师生活力,有计划、有系列地组织推动小葵文创的开发。在文创中重视发挥专业优势;坚持传递中国优秀传统文化声音,坚持传播师大好声音、好故事、好人物,坚持传递党和国家以及学校的好政策;始终关注校园师生的热点,始终服务于师生思想提升等。从简单的创造线下文创产品,到重点发展优秀的线上产品,继而发展到拥有区别于绝大部分高校的优势，即原创"小葵说"系列动漫视频；从只着眼于校内的宣传，到能够协同创新制作更高水平的文创产品并向国家级平台推广。这些，都是始终激发全校活力，坚持原创、坚持创新的成果。

三、产品与推广并重，坚持教育本质

文创产品是在网络新媒体时代下被发展壮大的，它的发展离不开网络。产品被制造出来后，所能影响的范围是有限的，因此，需要运用各种网络新媒体平台，结合线下的教育活动使它们发挥出最大的育人功效。很多已经开始文创制作的高校能够重视文创产品的开发，却在"产品营销"方面缺乏足够的意识，使得产品的使用价值大打折扣，不能构成足够的思想育人力量，反过来又阻碍了高校文创的进一步发展，很容易陷入"不了了之"或"形同鸡肋"的误区。

（一）产品为基：丰富思想内容

高校的文创产业和市场的文创产品相同的部分，就是需要有过硬的产品质量。如果把思想政治教育比喻成一所公司的市场营销，那么产品质量一定是公司存在和发展的根基。高校文创产品最大的特点和优势就在于富有思想内容。如果这些内容不能够让被教育者感受到情感的共鸣、思想的提升，甚至只是单纯觉得"好玩"，那么在新鲜感过去后，这个产品因为缺乏用户需求，迟早会被市场淘汰。

（二）推广为辅：扩大思想传播

有了好产品，也需要有好推广才能使产品实现价值，进而使经营者实现经营目标、获得收益。制作推广高校文创产品的初衷就是实现思想传播。如果没有好的推广手段，好产品就会被浪费，而经营者也难以实现再生产。好产品和好推广相辅相成、互相促进，缺一不可。只有让文创产品在学生中产生影响，才实现了文创开发的目的。但是，如果只是简单地将文创产品当作奖品或礼品，或当作某些特定场合的宣传材料，就无法实现投入产出比的最大化。好的文创产品，应该在全校甚至校外实现推广，让

更多的人接触并受到影响,才是高校文创的目的所在——开展思想传播,服务于教育本质。

高校文创产品制作应该要和推广并重,在此有三个建议:

第一,充分利用网络新媒体平台。每一个新的文创产品制作完毕,就要积极利用高校网络新媒体平台,全面占领微博、微信、QQ、易班、贴吧、网站等网络新媒体,同时开展推送。构建扁平矩阵化的网络文化产品传播体系,实现精准的分众传播、促进传播内容的全覆盖,避免传播方式的单一性和局限性。这是传播最广泛和迅速的途径。

第二,积极联动线上线下开展活动。除了线上内容的推送外,将文创实物产品制作推出,再通过线下举办相关主题的活动,或参与关联相关主题的活动,强化文创的影响持久度和深度。

第三,积极开展理论的研究。目前大部分高校都只停留在产品的实践创作层面。实际上高校文创应该在产品开发推广的同时,注重经验的凝练和梳理,开展理论研究,从而把握在高校中,文创产品要坚持怎样的规律,要坚持怎样的创作原则和路径,达到更好的推广效果。

(三)教育为本:强化思想引领

无论是产品还是推广,高校文创说到底,最终是为了服务高效的思想政治教育工作的,因此要坚持教育为本、强化思想引领。

一方面,我们在产品开发的时候,要避免"泛娱乐化""教条化""填鸭式灌输"等误区,让好产品通过师生共同的思维碰撞和努力设计开发出来,让产品的开发过程就是思想引领的一种方式;另一方面,我们在进行推广的时候,要避免"行政化""课程化",不要把推广变成硬性的任务,而是结合校园文化活动自然而然地铺开,让学生可以选择地、自发地去接受、吸收和内化,完成思想的传递过程。

四、市场与公益兼顾,坚持公益属性

高校文创工作还是个比较新的工作内容,很多高校还未建立健全的保障机制。有的高校没有将文创创作纳入议题中,尚未建立系统的产品创作机制,缺乏规范、细化的产品创作流程,产品供给不足;有些高校缺乏产品创作的人员保障,创作队伍参差不齐,创作力量单一、缺乏专业指导,人员容易流失、持续性不强;有些高校对政策的理解和落实不够到位,缺乏经费、制度等方面的保障,产品创作的干劲不足、成效不好。因此,可能有的高校希望借助市场的力量,结果发现徘徊在市场与公益之间,面临"谁署名?""谁的目的为重?"等诸多尴尬。

(一)主次分明:公益核心不变

我们不否认市场资本或资源的引入能够为高校的文创解决部分问题,也建议在许可的情况下,可以适当引入一些外力支持。但是,这里需要明确市场和公益的主次地位。育人是公益性的事业,是高校文创所要坚持的本质。毋庸置疑的是:无论在什么阶段,无论是否引入了市场,公益的核心必须始终占据最主要的地位。小葵文创发展到现在,已经有了较大的影响力,也经常承接某些政府部门的委托制作,但从来没有考虑过接受商业资本的投入——尽管为小葵形象申请了专利,也从来未将小葵文创变为某种商业产品、用于售卖。因为小葵文创一直坚持公益为核心,这个地位不可动摇。

(二)扩大平台:市场助力发展

高校开展文创产品创作最明显的瓶颈在于缺乏足够的市场,公益性特征强,因而容易受制于资金和人才的短缺。但是,我们要尽力避免或者是通过牺牲部分教育公益性转而寻求外界支持;或者是单纯依靠校内支持,结果资源短缺的情况。"用市场实现文化之美",是我们邀请市场进入高校文创开发的期待。在小葵眼中,这种市场,不是商业市场,而是文化市场,包括政府的相关部门购买或合作某种文创创作服务;或者是结合高校毕业生创业工作,委托或与从事文化产业行业的校友资源以较低的价格提供文创产品制作或实现"跨界合作"等。小葵文创最初,扶助了刚毕业的校友进行创业,由小葵团队进行设计,由校友开设的文化公司进行制作,扶持了校友,也缓解了部分发展初期的资金不足问题。而现在,小葵在协同创新上有了自己的天地,尽管从未在市场上做出让步,发展空间却得到了大大的提升。有关于相关单位合作的"协同创新"部分,读者可参考第六章《协同创新》。

(三)不忘初心:保持育人初衷

根据"投资效应"理论:一个好的产品要吸引投资,首先要有核心竞争力,第一个投资人要有信服力,才能产生跟投效应,使得股价持续走高。并且,产品的信用度和粉丝关注度本身就是爆点。对于高校来说,育人竞争力是核心竞争力;对于高校文创来说,育人效果是核心。因此,小葵文创才不忘初心,始终保持育人初衷。对于资金方面的问题,可以通过"内容为王+渠道制胜"的方式缓解。一方面,克服困难、集中力量坚持打造文创精品,通过精品树立品牌,并注意知识产权的保护、及时申请注册品牌,提升品牌含金量和发展空间;另一方面,在建立品牌的基础上,积极拓展渠道、争取保障,为品牌的持久和提升打好基础。

第五章

舆情分析：建立思政教育人工智库

小葵舆情团队的前身可追溯到 2011 年成立的微博管理服务中心。在成立之初，团队仅有几名学生负责运营、管理我校团委的官方微博。在微博实际运营中，存在学生利用微博平台发布涉及学校负面信息的投诉、谣传误传等情况，对学校的教育管理、社会声誉等都带来不良影响。在当时条件资源有限的情形下，一旦出现涉校舆情只能将其转至相关职能部门负责处理，相应的处理效率不高、效果也不尽妥善。

而后随着小葵新媒体工作室的成立，微博运营交由微博部全权负责。针对上一阶段的不足，在积累一定经验的基础上，面对各类舆情学校逐渐尝试从被动应对到主动出击化解舆情。

经过一段时间的尝试与探索、在掌握一定的经验后，小葵新媒体工作室已不再满足于被动式应对舆情，开始尝试通过自主生产开发网络舆情产品主动式引导舆情。经过一系列的摸索，"每日舆情"应运而生。该项舆情产品致力于把国内外涉及高等教育、青年思潮以及校内各类投诉建议等具有苗头性的舆情报送给校内主要领导，以便帮助领导决策。在"每日舆情"试水成功后，随着业务内容的不断拓展，2014 年舆情部从微博部分离，正式成立"小葵舆情团队"。团队自成立以来一直致力于网络舆情的监测、研究、引导，努力打造成为"大数据时代的校园人工智库"。

团队现共有校内外指导教师 8 名、本硕学生 20 余人，涵盖了传播、公共管理、马克思理论等多学科背景。团队主要关注领域为：国际外、省内重大网络舆情尤其涉教育系统、社会思潮舆情。迄今为止拥有 3 个涵盖微博、微信、贴吧、网站、论坛等在内的全媒体网络舆情监测系统,提供 7 种不同类型舆情产品。建立了较完善的舆情监测值班制度,每日有 1 - 2 人负责当天网络舆情信息的搜集、分析、整编,如遇突发重大舆情则启动 24 小时轮班监测制度,以保证第一时间把握舆情动态。有记录以来开展的各类网络舆情突发事件监测引导达上百起,成功化解多起校园网络舆情危机。同时学校还负责为 9 个国家部委、省级厅局开展网络舆情监测、舆情产品供给。

第一节　网络舆情的监测应对

　　小葵舆情团队主要负责涉及社会思潮、教育系统的网络舆情监测和应对,同时根据舆情内容的分类提供相应的舆情产品。为了保障团队工作的持续运行,舆情团队采用组长负责制、每日值班制及每周例会制等制度。本节着重阐述小葵舆情团队在网络舆情监测及应对方面的具体做法。

一、实时监测:全方位提供校园舆情科学依据

　　网络舆情成员实行每日值班制度,针对网络舆情的"重点人、事、节点、阵地"进行实时监测,同时利用"人 + 系统"模式实现 7×24 小时对网络平台进行不间断的网络舆情监测模式,一旦发现具有苗头性、指向性的网络舆情,确保第一时间上报并及时做出反应。

　　(一)网络舆情监测的重要内容

　　网络舆情监测时可以通过把握"三个重要"来提高监测效率,确保监测的准确性。这里的"三个重要"分别指的是:重要人物、重要时间、重要事件。

1. 重要人物

重要人物从广义上来说主要是指在网络上有一定影响力和号召力的公众人物或"网络大 V"或在本校能够产生较大影响的人,如党委书记、校长、知名教授等。从身份上看重要人物来自各行各业,例如:政府官员、知识分子、媒体记者、娱乐圈名人、草根明星等;从立场上看重要人物则可以是充满正能量的意见领袖、心怀异见的网络公知、异见分子、敌对势力等。在实际的网络生活中这些人物之间往往存在着重叠和交叉。借由重要人物的网络号召和影响力,通过对重要人物的监测可以快速地了解网络动向。在涉及青年和教育领域的重点人物可以关注,如:微言教育、共青团中央等政务账号;环球网、紫光阁、Visa 看天下、澎湃新闻等传媒行业;郎咸平、贺卫方、蒋方舟、许小年、韩寒等"个人大 V";"北京人的事""福州那点儿事"等本地草根博主等。重要人物的选取要遵循"因事而化、因时而进、因势而新"的原则,根据实际情况即时更新监测的重要人物库。

2. 重要时间

一些重要的时间节点,往往伴随着与此相关的舆情集中产生,因此在这些重要时间节点到来前后,提高舆情监测警惕性、做好舆情预判就显得至关重要。根据多年的舆情工作经验,小葵舆情团队根据不同的时间梳理出可能产生涉及国家意识形态、教育领域的部分舆情关注点,如下表:

表 1　舆情重要时间节点

一月份	二月份	三月份	四月份
1. 农民工讨薪、春运、用工荒等舆论 2. 各种年终总结、盘点 3. 学生寒假安全	1. 春节联欢晚会	1. 全国两会教育类提案等 2. 3 月 5 日学习雷锋 3. 孙中山逝世纪念日	1. 4 月中上旬,3 月份及一季度经济数据,国内外言论

续表

五月份	六月份	七月份	八月份
1. 世界新闻自由日、青年节、马克思诞辰纪念日等综述 2. 5月12日汶川地震周年舆论聚焦	1. 高考相关舆论（尤其涉及"高考减招"等） 2. 高校毕业季相关舆情	1. 学校放假,宿舍校区搬迁等 2. 中国共产党纪念日、香港回归纪念日（如:香港"七一游行"等）	1. 8月1日中国人民解放军建军节 2. 学生暑假安全 3. 8月22日邓小平诞辰纪念日
九月份	十月份	十一月份	十二月份
1. 开学季 2. 抗战胜利纪念日暨世界反法西斯纪念日相关舆论 3. 9·18事变纪念日	1. 10月1日国庆节	1. 党的中央全会、大会的报告、会议精神的学习等	1. "一二·九"运动 2. 南京大屠杀纪念日 3. 毛泽东诞辰纪念日 4. 年终盘点、报告

对于高校系统来说学期结束、开始时是高校学生毕业、宿舍调整、新生入学等事件的集中发生时间,所以这些时间也多是高校舆情爆发时期。

案例:"搬宿舍"事件

2015年5月17日,在我校微博、贴吧、朋友圈等爆出学校要大规模宿舍调整、搬迁,实行学院集中住宿,男女混住的传言;18日,小葵新媒体工作室利用校团委官方微博发布有关搬宿舍的具体通知。该信息一经发布,阅读量达6万、转发评论量1400多、微信阅读量也达到5433之多,且在评论转发中,同学对搬宿舍问题"骂声一片"。随即,舆情团队开展舆情监控、收集和反馈;19日中午,学生发起话题"送福师大上头条"并展开激烈的讨论,当晚该话题冲上热门话题榜和好友热搜排行榜;19日晚8点,校团委微博、微信发布次日召开"宿舍调整意见建议征求会"的通知;20日,征求会召开,会议长达3小时,各学院同学反馈各自意见,最终以现场选举学生代表参与校长面对面结束;征求会结束后,同学们陆续冷静下来,微博等社交平台上谩骂声迅速得以遏止。21日上午,网络上又陆续出现了一些相对客观分析这次事件原因的文章。当晚,舆情团队对微博的"谩骂钉子户"进行资料收集,以备后期有针对性的解决该舆情。22日晚校领导深入舆情反应激烈的学院进行座谈,就搬宿舍事件进行商议。当晚 10 点多,原先一直在微博上反抗的同学也陆陆续续发布理性的声音看待整件事情。23 日至 24 日各学院陆续告知搬宿舍方案,只做微调,不进行整体搬迁。学生得知结果后纷纷在"送福师大上头条"表达对学校人性化、民主管理赞许,重燃对学校的热爱、以及对学校管理的支持与信心。

3. 重要事件

不同的职能部门对相应领域的重要事件有不同的触点。以高校为例,涉及教育、青年学生思潮、学生切身利益的事件皆为重要事件,也是小葵舆情团队的舆情监测重点。具体来说,小葵舆情团队监测的重要事件分为以下几类:一是政策法规类,主要是由于国家、省市教育政策的执行情况、影响产生的舆情事件;二是教育管理类,即涉及校园腐败、学术抄袭、三公消费、素质教育等问题产生的舆情事件;三是招生考试类,例如涉及高考公平、替考舞弊、生源大战等舆情事件;四是突发事件类,例如校园安全事故、罢餐罢课等重大事件;五是学生表现类,例如小学生春游为老师打伞等各类引发争议的学生行为;六是意识形态类,这一类也是最关键的一类,如各种错误社会思潮、敌对势力对学校的渗透等舆情事件。

重要事件也一直是小葵舆情团队的关注重点,如每周网络热点在2017 年 3 月第 4 期推送的"北京大学、清华大学与亚洲 15 所高校结成'亚洲大学联盟'"属于教育管理类中高校实施政策的事件;4 月第 2 期中推送的"拼刺刀课程重回日本校园"属于外国政策可能对本国造成影响的事件;4 月第 4 期中推送的"广州数百大学生深陷培训贷"则属于学生生活中遇到的特殊事件等。又如教育舆情周报产品《替课成产业链,谁该问责?》《"留学热"对撞"归国热"》《慢就业缓解就业压力的一剂良药》等均属于校园学生表现类。

(二)网络舆情监测的主要平台

全面、准确地把握网络舆情发生平台,根据不同平台的特点,有针对性地开展网络舆情信息的搜集是小葵舆情团队进行舆情信息监测、搜集的重要手段。一般来说，常见的舆情发生平台有纸媒、微博、微信、论坛、QQ空间、新闻APP等。

1. 传统平台宝刀未老

传统的舆情发生平台多为：网站、贴吧、论坛、空间、博客等媒介形态。主要包括官方性质的新闻媒体网站，如新华网、人民网、人民日报、中国青年报等官方媒体；商业性质的新闻媒体网站，如澎湃网、腾讯、网易、凤凰、今日头条、新浪等。虽然这些平台爆发舆情的频率很低，但这些平台仍有其重要价值与存在意义，例如各高校的百度贴吧因其特定的受众群体和相对封闭，往往成为本校学生吐槽的聚集地。在针对这类网络平台进行监测时，除了把握各自平台特点外，也要重视该平台的政治倾向或属性，例如财经网就是典型的崇洋媚外；南方报业也曾是典型的民间极右派的聚集地。

2. 微博平台大行其道

微博作为媒体工具，关系主要建立在兴趣上：关系质量较弱、多为单向传播、注重的是传播的速度和内容公开，信息的传播速度和广度是其他平台所不可比及的，所以众多舆情苗头第一时间往往是在微博上爆发的，因而应将其作为舆情监测的重点平台。除了可以根据重点人物有针对性地着重关注相关微博用户外，还可以不定期地对"微博热门""微博榜单"进行实时搜索。

3. 微信越战越勇

微信作为社交媒体升级为舆论阵地对其监测时主要表现出以下几个特点：一是成员之间的关系往往以现实生活中的关系建立为基础，形成"熟人社会"；二是具有一定的隐蔽性，难以实施监测；三是信息传递方式除文字外，兼有语音和图片、视频等多种形式。也正是基于微信这些特点，小葵舆情团队相应地在监测过程中重点强调做到以下几点：一是善用微信搜索，利用搜索功能搜索相关的深度文章、朋友圈内容；二是关注舆情订阅号，如教育舆情网、清博舆情等舆情订阅号，及时关注这些订阅号有助于获取最新的舆情讯息和解读。三是及时关注微信群消息，要对微信群中被爆料出来的苗头信息及时掌握和跟进。

4. 新兴平台潜力巨大

近年来，除了国内传统的舆情发声平台，一些新网络平台跃跃欲试，成为舆论的"外围地带"，例如知乎、果壳等。以知乎为例：知乎网站上聚集了大量高学历、各种专业背景的人群，专业性是知乎影响力的根本所在，也意味着知乎的见解在舆论场中可能更有分量。对于许多热点事件来说，一旦走向深度讨论，往往需要借助专业知识做出判断。从这个角度来说，汇聚大量专业人士的知乎，未来会扮演更重要的角色，成为舆论生产与博弈的一支不可忽视的力量。与此同时，一些视频网站（B站、快手等）也悄然兴起，因其参与门槛低、难以监管也成为网络舆情的滋生地。

（三）网络舆情监测的具体方法

当前，社会上网络舆情监测主要分为人工监测和系统监测两种，两种方法各具优势，因而不能完全替代。目前，小葵舆情团队采用"人 + 系统"的舆情监测模式，系统监测在舆情预警、数据监测、可视化分析方面承担重要角色；人工监测则在情感判断、理性分析、整合加工方面承担重要角色。

1. 系统分析

现有的舆情监测系统可以实现舆情动态监测、舆情预警，体现舆情关键词在各平台的信息总量，对舆情走势、延伸关键词等多方面进行初步分析。具体来说舆情系统有以下好处：一是舆情系统提供的热度概况、事件发展趋势，对事件是否有发酵可能性或持续产生负面影响的判断，为舆论引导和应对提供可靠依据；二是舆情系统详细罗列与舆情相关的热门新闻标题及其出处，省略了内容的重复报道和转载，便于查找事件最新动态；三是舆情系统可以针对网民成分进行数据统计，便于排查地域、性别、年龄等人口指标对舆情导向的影响，汇总舆情事件相关高频关键词，为舆情分析提供素材。

2. 人工监测

网络舆情一旦发生,网民的舆论导向将会影响整个事件未来走向,因此了解民情、听取网民的各种意见和建议必不可少。虽然人工收集舆情相较于系统抓取确实有收集不全面、发现不及时、利用不便利等局限,但在判断信息正负面、网友的情感属性方面具有不可比拟的优势,因此该种方式也是必不可少的。通过人工监测的方式,汇总民意、汇聚民智,将网民观点分门别类反馈于有关部门,以便部署下一步工作。

二、灵活应对:系统化升级校园舆情处理机制

舆情一旦被值班成员监测后,会进行舆情的初步判断,涉及国家重大紧急事件、福建省内教育系统、校内突发舆情事件列为 A 级,其他舆情事件根据事件性质、涉及领域、紧急情况、危害程度、传播情况等被分为 B 或 C 级。B 级事件将在"每日舆情"中体现,C 级事件将在每周"选题分析会"上讨论决定是否选用在"每周热点参考"或各类舆情专报上。一旦 A 级舆情突发事件发生便立即启动小葵舆情团队"网络突发重要舆情事件应对机制",下面将以 A 级突发舆情事件为例着重阐释下小葵舆情团队的"网络突发重要舆情事件应对机制"。

(一)研判上报:严把舆情的预见性与及时性

上报舆情关键在于及时准确的呈送舆情相关信息,具体来说上报舆情可以分为如下步骤:

1. 准确研判舆情

值班成员一经发现舆情,立即将舆情详尽信息发布到内部讨论组。根据事件转发、阅读量、讨论数对其扩散广度做出估测,并通过总结梳理网民评论观点,提炼代表性观点来判断舆论走向,从而对舆情影响和发展趋势作出研判。

2. 整理舆情专报

在初步核实舆情的真伪后,30 分钟内整理出包含舆情事件概述、舆情传播情况、网友评论意见等在内的突发舆情专报,及时呈送给相关职能

部门,可将原微博截图、连同微博地址一并上报,以便相关负责人了解情况、部署工作,必要时可提出相应的对策建议。

3. 跟进事态进展

根据事件具体情况,舆情团队实时关注事态发展,密切监控舆情动态,每隔 2 个小时更新汇总舆情最新进展情况、传播情况等;重点对微博、微信朋友圈、贴吧、QQ 群等民间自媒体平台进行监控;了解舆论关注点,大众的关注焦点、大众关切的问题是需要及时跟进和回应的重点。根据舆论发展情况判断事态可能的发展方向,必要时提前做好舆情应对准备。除值班人员做好持续跟进舆情发展、汇报最新情况的工作外,其他成员如发现特殊情况也予以及时汇报。

(二)调查核实:严控内容的准确性与相关性

调查核实是舆情应对工作的重要环节,只有全面掌握事件真实情况、事发原因、了解当事人的诉求、辨析事件影响的利害关系,才能制定有效的解决方案,作出有利于舆情应对与引导及事件的善后处置的决定。该环节的关键在于获取事实,舆情事件的调查核实工作可从以下 3 方面开展:

1. 私信博主了解情况

通过与发布事件信息的博主、发帖者等发布者沟通,初步了解事件具体情况。需要注意的是,在沟通的过程中要放下架子、平等交流,要立足于尊重事实、消除对方的戒心和疑虑,同时也要对其提供的信息进行甄别、判断,力求还原事实真相。

2. 获取原博主信息

当原博主拒绝接受线上私信等情况发生时,可以通过技术手段快速定位原博主身份,可尝试从其个人简介、其粉丝和关注对象确定其身份、工作、年龄、性别等基本信息。通过分析其发布的微博内容、对别人的评论、阐述的观点立场等来了解原博主的政治立场、思想倾向、价值观等,从而分析、判断事件与其关系、影响,把握与其进行沟通的方式技巧。

3. 发挥桥梁作用

如果无法与原博主、当事人取得直接联系，或者难以达成和平、有效沟通协商的，可以尝试联系博主信任的中间人、通过多方沟通核实情况。比如由亲朋好友、老师、辅导员、领导、同事等了解原博主、当事人情况的第三方与其沟通，这样做有利于消除其戒心，客观全面交代事实真相。

案例：学生宿舍天花板掉落事件

2014 年 5 月 9 日有学生发布微博反映宿舍天花板出现大面积掉落，但是向有关部门多次反映却没有得到有效答复，以致该学生十分气愤随即在网上发布帖文表达不满。该帖发出后留言众多，网友纷纷指责学校的后勤集团修缮不利，推诿扯皮等。小葵舆情团队的值班人员捕捉该条信息后，随即私信联系发帖学生，但该发布者拒绝与值班人员沟通。值班人员通过发布者以往微博的信息捕捉，最终定位出发布者真实身份后，与当事学生取得联系，了解事件发展情况，安抚学生情绪，了解学生的困难与诉求并表态承诺予以解决。与此同时，值班人员立即向有关部门反映问题、实时跟进，确保问题得以切实解决。

（三）危机处置：严守处理的迅速性与有效性

1. 官方第一时间发声

经过调查核实了解事件真相、当事人诉求等信息后，需要快速采取措施处置危机。在了解舆情事件具体情况后，舆情团队利用校团委官方发声渠道，如官博、官微、官网等，第一时间向公众发布事件相关信息，包括事件现状、发展态势、事发原因预判、即将采取的解决措施等，过程中遵循"快报事实、慎报原因"的原则。在事件未查明前先安抚群众情绪、承诺彻查，防止出现不必要的恐慌、愤怒等情绪，及时澄清、制止谣言，并根据事件推进的过程及时更新发布内容。

2. 努力降低舆情热度

对于一些谣言类舆情或是不适宜向公众公布、可能引发恐慌的舆情事件，可以采取降低关注度、热度的办法。例如对于谣言类的舆情，在找到发布谣言的原发者后，要求其删除原帖并对事实进行澄清，当事人的现身说法可以从源头上杜绝谣言的进一步扩散。

3. 及时开展善后处置

对于问题情况属实、确有过失的,应向当事人和公众真诚道歉、承认工作失误,检讨自身工作需要改进的地方;表明尽快解决问题、整改工作的态度;切忌删、堵、捂、压等粗暴维稳的手法,否则将会适得其反、延误舆情;同时提出整改措施,提出有效的解决方案,并尽快采取行动切实解决,保证时效性;切忌不了了之,并且注意后续跟进、保障问题的妥善解决,以赢得舆论认同与肯定。

第二节 网络舆情的产品供给

当前小葵舆情团队根据网络舆情的性质、实效、重要程度、产品对口单位等的不同,提供包括每日舆情、每周网络热点参考、舆情观察周报、涉外舆情等在内的 7 种网络舆情产品。

一、网络舆情产品整编原则

(一)深度性原则

在选取网络舆情案例进行整编时,最重要的就是网络舆情的深度性。在网络信息爆炸的时代,每天都有很多网络热点事件发生,然而这其中仅有一部分热点事件能够被称为"网络舆情"。团队在选取事件时,通常会选择给党和国家、教育系统、本校带来恶劣影响的,可能会产生不良后果的或是能够令人反思、带来启示的舆情事件。

(二)时效性原则

网络舆情发生速度快、传播速度广、舆情发酵集中,同时舆情消解、更替速度也快。因此舆情信息的整编要及时、灵敏,注意捕捉最新或最近的舆情信息。小葵舆情团队产品在"每日舆情""每周网络热点参考""舆情观察周报"中分别以每日、每周、每半个月时间为周期进行产品整编,充分捕捉每日、每周、每半个月网络教育舆情热点、国内外社会热点,凸显时效性。

(三)新颖性原则

小葵舆情团队的特点之一是聚焦青年教育思潮。因此,小葵舆情团队的舆情信息选择较年轻化,特别注意青少年群体的思想意识。同时很多网络舆情事件往往折射出多方面多角度的探讨,在选取角度时团队往往会进行多维度论述。如舆情观察周报《四驳"空心病"》《"90后"的"中年危机"》《四正"空巢青年"》《高校青年学生群体中泛滥的十种"亚文化"》等文章便体现出上述特点。

(四)连贯性原则

小葵舆情团队在整编工作时,较为注重舆情事件的连贯性、同一性,擅长将同种类型的事件进行整编,找出事件的共同特征,进行事件概述并提出建议。如舆情观察周报《当教育遇上直播,其实没那么完美》这篇文章,便是将一段时间内"教育直播"事件进行整合以及同类项对比,分析直播平台的性质、从而分析"直播并没有那么完美"这一观点。

二、网络舆情产品类型要素

(一)网络舆情产品主要类型

1. 产品内容

每日舆情主要对全国教育系统尤其是福建省教育系统的重大政策、地方教育举措、青年思潮、热门事件等进行每日梳理,力求短小精悍、不进行评论、不呈现网络舆论分布。因主要报送对象为校内主要领导,所以每日舆情还涉及校内舆情,以便校内领导及时知晓教育政策、其他高校动态,从而更加科学合理地开展管理。

2. 产品特点

该产品具有3个特点:一是产品的周期为每日,即每天都要整合网络上的舆情事件,当晚通过微信企业版公众号进行推送;二是定位为高校教育热点,因此成员每次搜集的舆情事件都与此有关;三是多关注省内各高校动态,对于省内各大高校发生的事情采取高关注度。

如第 825 期每日舆情,选取了 5 条教育舆情,其中"国办发文:建立防控校园欺凌有效机制""944 人入选第 13 批国家'千人计划',入选率 16.5%"涉及国家教育举措和动态、"清华全面实施大类招生培养新增两个本科培养项"等涉及地方高校教育举措变动;"福州外语外贸学院老师突击检查学生宿舍"涉及本地高校舆情;又如第 824 期"福师大创意军歌表演走红网络"对本校舆情热点事件进行概述。该产品坚持每日舆情推送,现已累计达到 800 多期。

(二)网络舆情产品构成要素

1. 产品内容

对每周发生的有关青年思潮、大学生、高等教育等相关热点事件进行准确、到位、全面的概括和分析。目前该产品还在试运行阶段,发布对象为校内各学院党委副书记、专兼职辅导员、全校思想政治理论课教师,旨在帮助思政政治教育工作者搜集教育素材、提高教育的思想性、趣味性、时代性。待运行成功后可向全省各高校专兼职辅导员、思想政治理论课教师等进行推送。

2. 产品特点

该产品具有 3 个特点:一是产品周期为每周一期,每周五开会确定本周选题,周六整编定稿并发送至发送对象的邮箱;二是选取数量有限,每周仅选择本周最热门舆情事件 4—5 个,短小精悍、便于向学生传授,同时精准呈现网民观点倾向,捕捉网络舆情动向;三是思想性,根据该产品的地位在事件选取中着重选择具有思想深度的,能够帮助思政工作者开展思想政治教育的鲜活案例。如 2016 年 12 月第 3 期选取的"龙应台香港大学《我的祖国》演讲事件"进一步激发了青年学生的爱国热情。又如选取"一人一座城,空巢青年更像是一种生活态度"等社会问题热点使得思政工作者和青年学生准确了解社会动向等。

(三)舆情观察周报

1. 产品内容

选取近期发生的有关网络舆情事件、青年思潮、青年观点、教育事件等方面的内容进行深度剖析,旨在发现相关规律、特点及倾向,为领导决策提出相关建议。区别于每日舆情和每周网络热点,舆情观察周报是对内容进行深度分析和建议,供给对象为校外各职能部门如省教育厅思政处、省委宣传部舆情处等部门领导,便于其进行决策参考。

2. 产品特点

该产品具有 3 个特点:一是产品周期为每月 2—4 篇。二是产品内容主要着眼于社会舆论关注度较高的焦点问题、频繁发生的同类事件、与青年思想意识动向有关的事件。如"'90 后'中年危机"这个议题,在每周网络热点上,主要是呈现舆情分布,而在舆情观察周报上,就需要对其观点进行表面分析和本质分析,进而给出建议。三是产品以驳斥、分析建议类的形式呈现。分析建议类产品通常立足于对焦点问题事件概述、舆情热度反应、舆情应对、媒体观点、网名观点、专家观点等多角度,进行剖析、解读,从而给出落地可行的建议,具有较鲜明的指导性、研究性和前瞻性。驳斥类产品通常是对网络一边倒的误读性事件进行反面例证,从而达到引导思想意识,拨正舆论的目的,具有较鲜明的引导性和主观性。如《"慢就业",缓解就业压力的一剂良药?》从舆情概况、"慢就业"利弊、"慢就业"现象的启示等三方面对慢就业提出思考和建议,具有一定的思想引领作用,该篇被省委宣传部推荐给中央宣传部内部刊物采用。

(四)涉外舆情

1. 产品内容

涉外舆情是对近期国外热点事件和舆论关注程度较高的事件进行深度分析的产品,梳理境外媒体对我国重大政策、方针、事件等的报道及评论。

2. 产品特点

该产品具有 3 个特点:一是产品周期为每月 2—4 篇;二是产品内容主要着眼于国外社会舆论关注度较高的焦点问题以及与高校青年思想意识动向有关的事件;三是通过对事件的概述及深度分析,对公众舆论起引导和拨正作用。产品通常立足于对焦点事件进行概述、对国内外网民、专家及媒体的观点进行汇总和点评分析,热点事件的发展态势进行预测,从而达到引导舆论和思想的作用。如"俄罗斯'蓝鲸'自杀游戏潜入中国"这个议题,除了像每周网络热点一样关注舆情的分布外,仍需像舆情观察周报那样对各方观点进行分析并给出建议和指导。虽与其他产品有交叉,但涉外舆情最大特色在于将眼光放大到国际层面上。

三、网络舆情产品整编

(一)每日舆情

每日舆情主要由标题、出处、事件概述组成。标题是阐述事件中心思想的核心,出处是指事件信息源自何处,而事件概述是对整个事件的内容进行简单明了的阐述。除此之外,阐述事件的主要内容要求短小精悍、直抒胸臆。如每日舆情第812期中,第四条舆情信息【福建将建公务员诚信档案为考察干部依据】事件出自新浪网,对其事件概述为"福建省今年要建立公务员诚信档案,其诚信记录作为干部考核、任用和奖励的重要依据,并将作为今年法治政府建设重点工作"。但是,并不是每一个舆情事件都需要这三个组成部分。当一件事件的内容可以用标题数十字内阐述清楚的,事件概述部分可以忽略不用,以减少产品使用者的阅读量。

(二)每周网络热点参考

每周网络热点参考主要包括两个方面:事件概述和事件舆论观点。事件概述主要是阐述事件的主要内容、事件热度。事件舆论观点是指媒体、网民对事件的看法和观点,并对观点进行汇总、归纳总结出具有代表性的观点。如2017年4月份第4期每周网络热点"天舟一号货运飞船发射成功"事件中,便围绕"国内网民表达民族自豪感""境外媒体对中国航天事业的评价"以及"快递小哥这个美称"三个网络舆情标签从媒体报道、涉外评价、网民观点三方面进行引述。但并不是每一个事件的描述方式都是以事件概述和舆情场呈现的态度为主脉络的。对一些已有详细描述、分析到位的舆情事件,则侧重于立足青少年思想状态,尤其注重青少年对此舆情事件的看法,体现小葵舆情团队的工作特色。如3月份第4

期每周网络热点出现关于教育直播的舆情事件,团队便从如何正确看待网络直播的利与弊的角度出发简明阐述,并且根据实际情况对教师应用教育直播树立正确观念,为加强教师教学形式创新提供引导。

（三）舆情观察周报

舆情观察更注重对事件进行深度分析,需要足够的详尽性。产品形式又会根据事件的性质做出不同的行文风格,大体分为分析建议类、驳斥类、阐述类三类。

建议类舆情观察周报通常包括事件概述、事件热度、事情舆论分布、舆论分布原因,以及解决问题、引导网络舆情的对策建议。对事件的概述,通常从舆论的发生、发酵、传播、发展、舆情应对,以及后续结果等方面概述。通过人工和平台监测,得到该事件的讨论热度。在舆论分布方面,需要对各种观点、态度和意见进行比较、归并、去重,并举例不同观点和意见,呈现舆论多极化。在原因方面,通过对不同观点、事件的属性进行分析,揭示问题的实质,找出形成问题的根本原因。在对策建议方面,一般从政府、高校、学生等方面进行阐述。如4月6日期舆情观察《当教育遇上直播:其实,没那么完美》,便是先对众多和高校直播教育有关的事件进行归类概述,再从直播的实质分析直播教育爆红的原因、总结直播教育的问题,最后提出相关建议。

驳斥类舆情观察,相比对策建议类舆情观察的行文结构较为单一,通常是对事件进行概述,其后提出自己的观点,最后力证己方观点。如《四正"空巢青年"》,对事件进行概述后继而提出"空巢"的状态对于奋斗中的青年是正常的,接着从"空巢青年不等于空虚青年""空巢青年是"80后""90后"个性社会化的表征""空巢青年是基于互联网时代下,'被代表'的众多标签之一"等四方面进行举证。

阐述类舆情观察,是捉住三个以上事件的共同特征,进行归类阐述。如《高校青年学生群体中泛滥的十种"亚文化"》中,立足定义、典型表现、文化内涵等三方面归类阐述高校青年学生群体的十种文化,即"丧文化""宅文化""靠文化""污文化""星文化""炮文化""游文化""毒文化""替文化""嘈文化"等。

（四）涉外舆情

涉外舆情更加强调视野的放大扩充,聚焦于国外的热点事件。涉外舆情与其他舆情报告的交叉之处在于:涉外舆情涵盖了事件概述、舆情分布态势、事件深度分析及其对策建议等各方面,比较具有综合性。如"'习特会'预判",聚焦于境外媒体报道,如"路透社(英国):'不自然的朋友',习近平特朗普将成为首次会晤中'古怪的两人'""旗帜周刊(美国):习近平与特朗普首次大型外交政策尝试"等,分析境外媒体对此次事件的关注焦点。同时,分析国内网民和境外网民的观点,得出了"外媒报道重点集中在习特会的内容预判上,认为朝鲜问题是重点""国内绝大多数网民对习近平和特朗普的会晤充满期待,期待习特会为中美关系做战略定调"等预测内容,具有一定的前瞻性。

第三节　网络舆情的发展理念

小葵舆情团队从最初的几个人不断摸索网络舆情监测、应对和网络舆情产品整编的经验,到目前已经发展壮大为一个成熟稳定、稳扎稳打的团队。团队创作的多篇舆情产品被中央、省级各部门采用,成为多家上级职能部门的舆情直报点,在全省乃至全国都有一定的影响力。这些成绩的取得与团队的共同努力不无关系,但同时更与一直以来小葵舆情团队的运营理念、原则有直接关系,具体来说有以下几点。

一、立足思想引领

（一）把握舆论导向,守护思想政治防线

在内容选择上,小葵舆情团队坚持把党和政府的声音传播好、把社会的主流展示好,促进正本清源、防止以讹传讹、守住思想防线,绝不允许搞"舆论飞地"。对涉及国内外重大政策、热门事件、青年思潮、社会观点、教育政策等事件,坚持内容选择不求多、不求大,多以服务大局为行动指南,着重选择能够为青年思想政治教育工作尤其是意识形态工作提供有益借鉴、发人深醒或者需要警惕的事件为主要内容。

在实际工作中,小葵舆情团队时刻关注社会思潮变化:重点把握青年学生的思潮变动,重点关注网络上的敏感话题、重要观点和思想倾向。抢抓新媒体舆论阵地,在网络上"传递正能量、抵制负面舆论"。把控舆论导向、守住思想防线、做信息的"把关人",针对各种非马克思主义、反马克思主义错误思潮和倾向,敢于及时亮剑、旗帜鲜明地加以反对和抵制,帮助广大青年学生划清是非界限、澄清模糊认识,引导舆论走向。积极营造清朗的网络空间,从而更好地助力政治稳定、促进社会和谐发展。

(二)紧跟时代步伐,直面社会问题核心

小葵网络舆情产品的收集、整编紧扣时代脉搏,关注时事热点、反映社会现实。每日舆情、每周网络热点参考以保证时效性为原则,重点将当天、当周热点事件进行梳理汇编上报相关机构及领导,便于机构领导了解及时资讯。舆情观察专报以思想性为特色,在专报中通过对近期发生的重大网络舆情事件、青年思潮、青年观点进行深度剖析,发现相关规律、特点及倾向,为领导决策提出相关建议。产品充分发挥各自优势,成为决策者重要的参考信息源,利于省领导干部、高校的政工干部等统筹兼顾、群策群力,及时采取有效的措施;做好舆情应对,将苗头性的问题扼杀在摇篮中;及时化解危机,做好舆情管控。总之,小葵网络舆情产品把握舆论导向、严守思想防线、紧跟时代步伐,通过舆情管控工作助力大局把控、促进政治稳定。

(三)坚持思想引领,注重意识形态工作

积极开展正确的舆情引导,帮助大学生运用马克思主义的立场、观点、方法认识问题、判断事物,树立正确的世界观、人生观和价值观,不仅是高校做好意识形态工作的一项重要任务,也是新形势下对大学生进行思想政治教育的有效手段。思及此,小葵舆情团队特推出《每周网络热点参考》,搜集一周以来具有代表性的时政、高校热点及多方网友的相关热评,为辅导员的"晚点"提供内容参考、为思想政治理论课教师提供教学最新素材,以便更好地对学生开展思想政治教育尤其是意识形态教育工作。

二、助力解决现实问题

小葵舆情团队发挥舆论的桥梁作用,尽可能在第一时间为学校职能部门提供及时、有效的舆情信息;避免网络上不实信息、非理性情绪走向极端,蔓延网下产生"蝴蝶效应";在快速应对网络舆情,及时有效处理舆情危机方面发挥重要作用。同时,在日常产品上坚持还原各方观点与力量,全方位、多角度看待事件、提高真实性,缩短高校教育者调研论证时间,见微知著地使高校教育者决策有底、便于工作的开展,从而更好发挥产品的教育引领作用,促进高校发展。

(一)快准辟谣明是非

高校网络舆情是高校安全的"晴雨表"。各种各样的负面舆论影响着学生的情绪和学校的管理,传统的"一味封堵"不仅不利于问题的解决,反而会由于无端的猜测带来更大程度的不稳定。面对谣言和网络攻击,小葵舆情团队是一股坚定的防御和辟谣力量。团队成员在综合分析舆情的基础之上,找出舆论噪点,真实还原事件发生语境;勇于发声,第一时间发布权威信息,用客观公正的信息引导网络舆论;占领舆论高地,掌握话语权,降低不实言论的影响力度。在应对突发事件时,小葵舆情团队通过打造信息传播和形象展示平台,为高校辟谣工作提供帮助。

(二)解决投诉献对策

小葵舆情团队致力于打造舆情监测和舆论引导平台,通过微博平台了解师生思想动态、校园热点问题,监测校园网络舆情。一方面,小葵舆情团队在掌握校园第一手新闻、传达紧急通知方面发挥着重要作用。另一方面,小葵舆情团队为师生发表言论、表达意见、释放情绪提供了便利的通道。学生对学校的意见、建议、抱怨、不满都可以通过小葵舆情团队向学校反映。小葵舆情团队从信息源头了解师生诉求,通过舆情产品反馈给学校各职能部门,做到及时、有针对性地处理问题。

（三）舆情预警早行动

不同类别的舆情发生具有周期性,特别是涉及高校思政、招生考试等舆情都具有稳定的时间节点。在这些重要时间节点到来前后,小葵舆情团队通过监测分析,做好舆情预判,及时向意见领袖提供信息,必要时做出提早行动、力求防患于未然,提高了舆情监测警惕性。加强高校舆情研究,认真做好高校舆情的汇集、分析研判及引导,是构建社会主义和谐社会与和谐校园的内在要求;是高校创新思想政治教育手段、服务大学生成才的具体体现;是高校正确决策、化解矛盾、维护稳定、实现科学发展的重要前提。

小葵舆情团队定期为高校提供近期青年网络思潮的具体表现,及时了解学生深层次的情感发展需要,正确导向、有效理顺思想情绪、统一思想认识、化解矛盾危机、凝聚发展力量,对促进校园的和谐稳定等具有不可替代的作用。

三、促进培养舆情人才

小葵舆情团队在全校范围内选拔政治敏锐性强、具有一定学术研究能力的优秀学生,专业领域涵盖外语、文学、公共管理、法学专业、思想政治教育、传播在内的 11 个专业。

（一）导师制专业指导

将团队成员按照专业背景、各自特长、兴趣领域等划分为若干小组,并选取传播学、马克思主义理论、公共管理、教育学等方面的资深教师对小组成员进行专业指导。在整合分析舆情事件的过程中,导师会根据舆情写作的思路、分析研判等进行指导,产品完成后导师会提出相应的建议,使舆情产品的质量得到保障。通过导师负责制,使得舆情团队的运行协调有序,也使得团队的舆情写作水平得以不断提升。舆情产品不仅得到校领导的认可,更得到了省领导的批示与肯定。

（二）培训制对接内外

小葵舆情团队的培训主要分为两种。一是校内培训:主要时间集中在每周选题会上,指导教师会根据具体舆情事件给出分析方法、写作角度、写作技巧等,从而培养团队成员发现、判断舆情的能力,提高舆情的敏感度,使团队成员更好地了解网络舆情发展的规律,提高发现和预测舆情的能力。二是校外培训:通过选送团队成员参加网络舆情方面的专业培训会议。通过专家对理论的宣讲,以及实战的现场演练,使得舆情团队成员对舆情应对有了更直观的体验,对社会发展趋势、网络发展前景、现代网络信息技术等方面知识有了更深的了解。在高校网络舆情的管理中能够站在时代发展和社会前沿科学的高度,对高校的网络舆情发展能够达成基础的了解和判断。

（三）会议制凝聚合力

每周选题会制度是小葵舆情团队运行机制的坚实基础,舆情选题、热点讨论、任务布置都是在会议上完成的。每周五会议上,团队成员对一周以来的舆情热点进行深度探讨,最终确定本周相关舆情产品的内容。成员间通过思维碰撞及探讨,对热点事件进行更深层次的挖掘。通过例会交流讨论,对近期工作情况进行及时反馈,发现工作中存在的问题与不足,通过沟通协调制定行之有效的解决方案,提出改进性建议及可行性的工作计划。每周例会不仅能合理安排新的舆情工作计划,更有利于加强成员之间的沟通与交流,更好促进团队协同合作及凝聚力的形成。

第六章

协同创新:盘活思政教育资源配置

共青团获取资源和整合资源的方式、渠道已经发生了重要变化。在计划经济条件下,共青团获取资源的方式主要依赖行政手段,所拥有的资源足以影响青年的成长发展,因而在青年中就拥有足够的号召力和动员力。然而在市场经济条件下,资源配置方式发生了深刻变化,这使得人员分配、经费划拨、活动阵地等仍旧依靠上级组织的高校共青团面临着现实的严峻考验。"小葵团队"在工作过程也曾出现过"无经费、无阵地、无时间"的三无情况。对于一个社会组织而言,越有资源,就越有动员力和影响力;越有动员力和影响力,就越能获取资源。我们发现:仅仅依靠行政手段获取资源已经不能满足高校共青团事业持续发展的需要,"小葵"想要生存壮大必须依靠多种手段整合资源。作为高校团组织,自身能够利用的资源主要分为校内资源和校外资源两部分,由人员、物资、经费、信息等内容构成,这些资源是开展思想政治教育活动的重要保证。为了保证"小葵"能够适应新媒体带来的种种变化,探索一条"互动、互惠、整合"的协同创新路径以求实现各自资源的统筹规划、提高资源的利用率和使用效益就显得尤为重要。

第一节 协同创新的原因

一、对上协同:埋头苦干如何脱颖而出

新形势下,高校共青团的工作要求、工作环境、外部条件都发生了较大转变,"就团论团"的传统思维模式和以行政命令为主的工作方式已不适用于实际工作。高校共青团在专业资源、组织架构、创新能力等方面具有天然的优势。我们不应仅仅只满足于在"校园"内占领阵地、宣传思想,更应该尝试走出校门,在更多社会领域以及更广的受众面前承担角色、发挥作用和打造阵地。这是共青团保持和增强政治性、先进性和群众性的重要举措,也是群团组织突出重围、增强显示度和影响力的捷径。"小葵团队"就在探索一条通过协同创新借船出海、对接高位平台资源、实现多方共赢的路径。在惠及青年学生的同时摆脱"就团论团"的局限性,走出校门、走向社会,惠及更多的青年学生。

(一)千人一面如何崭露头角

高校共青团活动要扩大影响力和社会美誉度,离不开宣传系统的大力支持。全国各高校都意识到网络思想政治教育的重要性,纷纷开设了官方微博、微信公众号等,集合校内优势资源,推出了各类校园网络文化产品。网络文化产品的创作呈"遍地开花"之势,但繁荣发展的背后必然隐藏着危机。

许多高校在发展新媒体的过程中出现了"同质化严重""后劲不足"的困境。例如,之前推出的厦大版《南山南》火遍全国,各个高校竞相推出自己高校的《南山南》版歌曲,虽然各有不同,但模式依旧大同小异。一段时间以来,凡某个高校推出一条关注度较高的"产品创意",各个组织机构就一拥而上纷纷效仿,给人以千篇一律的感觉。没有创新、没有突破,一味"跟风随大流",高校新媒体建设就难以形成品牌认知,难以持续蓬勃发展。

我们清醒地认识到共青团网络新媒体"一招鲜吃遍天"的时代已经逐渐过去。思想引导要实现辐射效应，就要通过个案呈现、群体响应，把党的号召传播开，开启社会新风的舆论导向。同时，梳理经验、创新思维，方能形成显性成果。每个高校共青团都应该有自己的品牌及创新性的经验做法，通过发挥宣传系统善于抓点、善于梳理提升的优势，形成典型宣传报道材料，促进本校团学宣传工作的完善提升。因此，"小葵"一方面不得不紧跟、迫切进入受众"内部核心结构"，抢占话语权；另一方面又要找到合适的对接点，挖掘现实的针对性。这对于以思想引领、服务大局为核心任务的"小葵"而言，无疑是重大的挑战。

基于此，小葵团队应该主动作为，通过"协同创新"，主动对接各级政府组织、项目的优秀平台"借船出海"，不断促进自身角色的提升和组织转型，以适应新形势下夯实群众基础的更高需求。

（二）自娱自乐也要广而告之

一直以来小葵团队始终以"价值输出，内容为王"为原则，创作了许多优秀的作品；自觉承担起研究和引领"微时代"话语权表达的历史使命，树好形象、讲好故事、唱好声音。正所谓"酒香也怕巷子深"，我们发现，小葵系列网络文化作品在校内的知名度较高，但在全省乃至全国的覆盖还不够广泛，传播的力度还有待加强。小葵团队在校园网络文化产品创作方面探索出了一些好做法、好经验，但尚未得到全面的推广。我们与高级别的网络"大V"、与用户黏度大、活跃度高的网络平台并没有建立系统联系，使我们的内容产品在很长一段时间内处于"自娱自乐"的状态。可以说，小葵产品题材新颖、形式多样，不仅对全团青年学生有很好的教育作用，对全国的广大人民群众也有着积极的指导意义。但这样具有普适性而又极富价值的产品，却受困于自身平台局限无法得到很好的发展。

如果将常规工作比作99°C热水的话，那么宣传是否到位便是那最终促成沸腾的1°C。高校共青团如何走出校门、扩大影响，进一步服务大众、进一步传递正能量？答案便是协同创新。与更高层次的机构组织进行协同合作，就能拉长宣传系统线，保证有足够的宣传平台与资源，为思想引导提供巨大契机。

我们清醒地意识到："足不出户""巷深掩酒香"将会严重制约"小葵"的成长发展。面对窘迫的成长发展空间，"小葵"需要"突围"，而要实现顺利"突围"，除了站定正确立场、保持创新思维外，还需要借助外力、对接更高的平台，与更高一级的政府群团组织建立协同共建的关系，让"小葵"作为共青团的品牌形象走向全国。

（三）超强供给惠及广大受众

在福建师范大学团委的正确引领下，"福师大小葵"成为传播主流价值的线上"代言人"——致力于打造柔性思想引领方式，实现主流价值的有效传导。小葵团队历经数年的打磨，磨砺出强大的产品供给能力：在保证高质量的前提下，同步实现了高效率高产量。"小葵"团队网络文化产品的超强供给能力已经不仅可以满足校内师生，而且已然达到了可以惠及社会上更多更广泛的人民群众的程度。因此，"小葵"团队需要协同创新，借力更高层次的平台，更充分地发挥其产品供给的作用。

近年，"小葵"不断挖掘校园文化、红色文化和优秀传统文化中潜藏的社会主义核心价值观教育题材和内容、创新形式载体，以微电影、漫画、沙画、H5 等喜闻乐见的形式，开发出高达 560 余件的文创产品。为了活化三大主流思想，传播党团的正能量，"小葵"还结合"两学一做"学习教育，开发创作《"不忘初心继续前进"的背后深意》《五大发展理念领航中国梦》《习近平的"健康中国"策》等 10 组动画、漫画作品；梳理党的十八大以来习近平总书记系列重要讲话及指示，精心制作小巧实用"口袋书"，让主流思想随处可学、学以致用。

"小葵"团队已在高校的青年学生间打响了品牌，但并没有就此停下脚步。近年来，团队积极尝试与中共中央组织部、福建省委组织部等更高的平台进行合作。党的十八届六中全会审议通过的《关于新形势下党内政治生活的若干准则》和《中国共产党党内监督条例》，是新形势下加强和规范党内政治生活、加强党内监督的根本遵循。紧跟时事热点,我校协助中共中央组织部、福建省委组织部,以《关于新形势下党内政治生活的若干准则》《中国共产党党内监督条例》为基础,进行脚本、漫画创作,面向全国的广大受众。优秀的作品加上超强的供给能力,再加上更高平台的合作助力,无疑是如虎添翼。

二、同级协同:各自为阵难以形成合力

从共青团所处的体制和政策环境来看,共青团团内青年政策资源和工作力量分散化、碎片化和区隔化的现象明显。团内不同层级、不同区域、不同系统、不同战线的团组织间存在代沟。细数之下,高校共青团的工作平台比比皆是:校园文化平台、竞赛学术平台、志愿服务平台、社会实践平台等都服务于潜移默化的思想引导,并创设了一种交往、互动、视听、匿名、虚拟的场景。小葵作为一个多元的卡通形象,活跃于各类工作平台中,但仍缺乏足够的合力。当前,高校共青团传统的工作平台间尚未形成联盟,故松散混乱,加之网络平台、手机平台、智能娱乐终端平台在生活中所占权重越来越高,因而新媒体平台和传统平台、高校共青团主导的团属平台和青年学生所喜爱的草根平台间的矛盾日渐凸显。"有舞台没戏班"不过是华而不实的空中楼阁;而单凭"唱戏的戏班"没有舞台的演出也只能沦落为街边杂耍。因此,只有聚合高校自身子系统资源、社会各系统和网络系统资源,才能够真正实现"搭好台,唱好戏"。

(一)突出交集,化繁为简

《中共中央国务院关于深化教育改革全面推进素质教育的决定》指出:"高等教育要重视培养大学生的创新能力、实践能力和创业精神,普遍提高大学生的人文素质和科学素质。"高校共青团是高校思想引领、人才培养的基地与组织,是高校学生工作必不可少的子系统之一。要服务好青年学生,单凭共青团一己之力难以为之,搭建以协同为导向的共青团舞台工程、扩大与高校各子系统的交集,化繁为简至关重要。

把握重点,突出交集,克服弱点。政府部门、各级团委、各个高校等都

有服务青年的专项工作，立足青年、服务青年，工作目标与对象达成了一致，各个层级的人力资源都十分充足。但各个机构之间"各自为政"、交流太少、难以形成合力，致使产生大量的工作重复、消耗了资源和精力，造成事倍而功半的情况。反观北大与浙大携手在校庆之际推出的《想把我唱给你听》，却给人眼前一亮的感觉。相较于前段时间《南山南》《成都》等热门歌曲的改编，北大、浙大这两所学校将校园关键词融入改写到一首歌中，毕业于北大任教于浙大的茅锐老师与毕业于浙大进修于北大的姚瑶同学完美和声，再放上两所学校景色切换拼接的 MV 视频，共祝浙大120 周年与北大 119 周年生日快乐。改编歌曲是"老梗"了，但加上校庆主题、两校情谊、歌唱者的选择、MV 视频，就产生了锦上添花的效果。这个大制作引起了社会很大的反响与校友集体的共鸣，两校的友谊也随之加深，这便是协同与创新非常好的体现。

各级共青团所拥有的组织网络不但健全，而且非常完善，层次很多、辐射力很强、覆盖面很广，覆盖面如乡镇、学校和机关等。在共青团的组织周围，有着许多进步团体，其中最主要的是青联、学联、社联、专业团体等，成员年龄层次在 30 岁以下，充满激情，充满活力，有充足的精力参与到各个层面的公共服务中。共青团在长期的工作中逐步形成了自身的品牌，得到了社会的广泛认可。比如"小葵说孝""小葵说社会主义核心价值观""小葵说青运"等，从而解决了一些政府难以顾及或鞭长莫及的公共服务需求难题。

"众人拾柴火焰高"，我们要想占领网络阵地，扩大影响力，就必须协同起来、合力创新。"小葵"在探索的过程中，不断地寻找契机，希望通过同级的协同创新聚焦重点工作，突出交集、化繁为简，在党团新媒体阵地中最大限度地发光发热。

（二）资源调动，化整为零

缺乏资源无疑是高校共青团工作的弱点，"既无权，又无钱，工作就靠嘴巴甜"这句话形象地说明了匮乏的社会资源、物质资金资源及政策资源困境。因此，"小葵团队"致力于开辟一条以高校共青团为核心牵头抓总、以项目为基础、以合作为手段、以共赢为目标的协同创新之路。只有构建新的运行机制、优化资源配置，才能拓展工作领域。德国物理学家赫尔曼·哈肯在《协同学导论》中系统地论述了协同理论，即认为整个环境中的各个系统间存在着相互影响而又相互合作的关系，而协同系统是组织管理者有效利用资源的一种方式。若考虑清楚要整合什么资源、要聚合哪些对象、要采用何种方式，利用得当即可达到"1+1>2"的理想效果。

许多时候，我们面临着有好的作品却遭遇"形单影只"的境况，无法调配到对应的政策、项目、课题、经费。如何盘活各方资源、争取资金、智力支持，是我们协同创新的切入点。"小葵"有好的网络文化产品，团省委、团市委、教育厅有好的项目，当二者相结合便能实现更好的传播与教育效果，也唯有协同创新、整合好各方的资源，我们才能实现互利共赢。

高校共青团为了实现育人目标，经常找政府部门要项目、筹资金；政府部门要开展活动，经常向高校共青团组织借人力、智力。如福建省教育厅文化体育艺术教育处组织全省大学生参加红歌会，鉴于组织力量不足，邀请福建师范大学团委参与组织工作。福建师范大学团委在全校选拔20名优秀青年志愿者，全程参与活动的策划组织执行。这个活动，对于福建省教育厅而言，既增加了人手、减轻了工作压力，又能吸收志愿者一线工作情况反馈和志愿者对完善活动的意见建议，增加了"外脑"、多了智力支持；对福建师范大学而言，既锻炼了队伍、培养了学生骨干，又在全省范围内展示了形象、扩大了影响。而"小葵模式"正是借鉴了这一合作共赢的思路，得以把自己的路子走得更宽更远。

取得显著成效的工作项目可申请高校党委、上级组织、相关行政部门给予经费或物资帮扶，便于经验做法的推广。另一方面，要参与政策制定，为政策出台建言献策。既然代表青年学生的心声，高校共青团就必须深入工作一线，根据实际工作困难和青年学生诉求推动政策出台。在天时地利的客观工作环境中，能及时得到相应政策的大力支持，无疑会使工作如虎添翼。新时期新阶段要以组织动员和资源整合为主要取向进行职能创新重建共青团关系,通过协同创新真正做到组织动员有效、资源整合有力,推动团组织在新的历史时期履行好使命。高校共青团往往分为多个层级,各项工作和资源体现为层与层之间的互动。但是,这种层层叠叠、上下交错的层级化管理模式产生了意见反馈滞后、责任相互推诿等弊端。"小葵团队"隶属于校级单位,拥有良好的组织基础、人力资源以及丰富的学生工作经验和实践传统的高校共青团,理应在高校改革中发挥更加主动和基础性的作用。

(三)内容挖掘,化腐成奇

共青团作为党领导的先进青年的群众组织,无疑是社会积极因素中最富有活力和潜力的部分,而高校共青团更是处于全团基础性、战略性和源头性的地位。高校共青团应该在党的领导下,紧紧围绕党和国家工作大局,努力适应时代发展,主动应对共青团事业面临的新挑战。与此同时,高校共青团也应该积极主动承担起宣传党的新政策、好做法,宣传中华优秀的传统文化,弘扬社会主义正能量,引导青年树立正确的人生观、价值观、世界观的历史使命。

各个高校的属地文化本身就是一座座巨大的"宝藏",怎么能错过。以福建省为例:思想文化方面,由于福建在历史地理文化传统等方面具有的区域特点和优势,福建成为中西文化交流的重要桥梁;福建文化呈现出强烈的使命感和鲜明的开放性,进而涌现了一大批对中国思想文化界产生巨大影响的杰出人物,如林则徐、严复、沈葆桢、林纾、辜鸿铭等人;他们均站在时代前列,引领中国文化先潮。红色文化方面,龙岩、三明、南平、宁德等地均为革命老区,具有丰富红色文化内涵。旅游文化方面,有武夷山、鼓浪屿、三坊七巷、湄洲岛、白水洋等标志性景点景区,"清新福建"这一旅游品牌享誉全国。无论是传统文化、红色经典,还是自然风光、人文景观,福建的本土文化这座"宝藏"本身就有许多值得挖掘的地方。

传承经典、宣传属地文化,不应是"要我做"而是"我要做"。探究如何充分挖掘整合属地文化,通过创新的方式创作出具有文化底蕴的好作品。增强地域文化凝聚力和向心力,向青年学生们乃至向全国更好地展现本土的优秀文化,这本身就是各个高校共青团的义务与使命。但想要更进一步做好做大属地文化的宣传工作,各大高校就不能只停留在自己校园内外的小范围,而要放眼更远的地方。应该与其他高校进行协同,形成联盟;与团省委、团市委、教育厅、旅游局等更高层次平台进行合作,争取到更多的资源,扩大传播的范围。

三、校内协同:闭门造车也要融入大局

当前高校共青团的工作要点主要是根据学校党委依当年的工作要点进行调整变动,很难固定开展,缺乏系统性和连贯性。很多好的活动、好的措施只在当时起到一定作用和影响,难以持续发挥效果。这样的情况在共青团的思想政治教育活动中并不鲜见,在实践中大大影响了教育效果。同时,我们发现:部分高校共青团对于校内资源还存在认识不够到位的情况,比如与其他思想政治教育部门还缺乏有效的配合,思想政治教育理论课与共青团思想政治教育活动基本呈现平行状态,少有交集;各分团委与团支部组织条块分化,缺乏经常性的联系与沟通协作,在开展教育活动的方式和力度上也不尽相同,有时还会遇到同一活动重复开展的尴尬局面;这些状况表明高校共青团要积极与各级部门取得一致性、协调性,才能保证教育资源有效利用,实现教育效果最大化。"小葵"依托校级共青团开展青年学生思想政治教育工作,必须依据大学生思想政治教育的目标要求,合理地构建高校共青团思想政治教育的活动体系,科学设置各个活动项目达成互为条件、互相制约、相互促进的统一体,以实现协同发展的目的。

网络新媒体文化育人,需要人、财、物、力、智等因素的投入,团委作为在新媒体领域的一个先行先试的单位,需要我们去协同各方的资源,达到互利共赢的目的。

(一)盘活师生智囊储备

许多团组织在发展壮大的过程中都经历了"用人难,留人难,得人难"的处境,高校虽然有强大的人才优势,但往往力量分散、各自为政。

高校共青团实施育人目标,单凭团组织自身成员是不够的,要提高工作质量、体现其先进性,离不开校内有识之士的广泛参与。这支队伍的结构应该是多层面的,既有专家教授,又有相关领导;既有青年教师,又有学生骨干;既有相关职能部门负责人、工作人员,又有学生辅导员。这支集结了各类人才资源的新媒体队伍应该具备过硬的思想素质、过关的网络技术、开拓的创新精神。只有打通各个关节,盘活师生力量,才能有素质过硬,潜力无限的人才资源。

其一,整合学生资源。高校共青团的工作对象是青年学生,工作力量中很大一部分是学生骨干,影响带动很多时候要依靠学生发力。强有力的学生团队可以是素质高能力强的学生骨干,是乐于奉献的青年志愿者,是品学兼优的"学霸"标兵,是活跃于创业平台上的佼佼者,还可以是有一技之长的专业达人;他们都是青年学生推崇、信任、模仿的校园牛人。他们对于高校共青团,对于"小葵团队"而言,既是重要的智囊团,又是得力的执行者,还是及时的反馈者。如果能把这些学生精英纳入麾下,通过聚众效应,让他们在服务青年学生的岗位上发挥作用,不仅能使组织团队的战斗力得到明显提升,还能让学生个体的"人格魅力"成为一种隐性教育、在潜移默化中影响和熏陶青年学生,在校园内产生"一花引来万花开"的效应。"小葵团队"若能发挥统筹好学生的力量,就能够汇聚校园的强大正能量。

其二,盘活教师资源。"师者,传道、授业、解惑者也",可见教师既是高校的无形财富,也是高校共青团工作的宝贵资源。"小葵团队"在建设过程中,需要运用到大量的专业知识,只有充分发挥组织优势、设计载体,主动引进专业教师资源,才能盘活专业教师资源、推进高校共青团事业的发展。教师资源可以是专家教授,相关领导;可以是青年教师,相关职能部门负责人、学生辅导员,亦或是各类先进教师典型。他们在青年学生中有极高的声望,对青年学生产生巨大影响。他们身上最大的资源就是教育引导的资源。"小葵团队"通过活动载体设计,形成了共青团思想引领的强大力量。

同时,高校学生、教师是新媒体运用的中坚力量。在校园网络群体中,学生社团、草根文化传媒公司、网络意见领袖等充当网络新媒体文化的主力大军,不少网络资源无法做到行程合理以及自媒体的整合。高校官方却缺少专业的网络传媒队伍,在人才这一核心因素上就丧失了优势。因此,"小葵团队"将参与网络文化建设的工作纳入议题设置中,针对优秀的自媒体典型进行官方政策扶持和机制保障,将新媒体人才纳入麾下。通过多种途径把青年精英纳入到团的队伍中来,发展和壮大团的工作队伍。发展壮大青字头的共青团外围组织,形成强有力的青年工作队伍。

(二)挖掘专业学科优势

科技创新教育是国家创新体系的重要组成部分,培养青年学生的科技创新能力是高等教育的一项重要任务,同时也是高校共青团工作的重要组成部分。学科之间的协同、二级团委推动学科的协同,发挥学科优势、实现高校的科技成果转化是高校服务社会的一种重要形式。这种成果转化除了学生的科技创新专利成果、创业计划项目等,也包括把本学院的专业知识以外化的形式传播出去,例如我们和福建师范大学法学院合作推出的"小葵说法"系列漫画,以活泼、专业、严谨的表现手法向广大青年普及法律常识。

通过系统的与专业学科的对接整合,以青年学生喜闻乐见的方式普及专业知识,逐步增强学生的感性认识,提高学生专业学习兴趣,培养学生发现问题、分析问题和解决问题的能力,提高科学研究能力。通过接触专业实际研究工作,培养了学生的综合能力和素质,提高了学生的创新意识和实践能力。对于学校的一些重点学科,高校共青团在服务中可以有所侧重,发挥本校重点学科在科研和创新方面的作用,使得青年学生的科研成果有更高的显示度和传播力,在学生人群中树立典型和榜样。其次对于学院的特有优势,可进行更多的扶持,使得青年学生的科研成果更具有特色和独特性。

(三)整合校内系统资源

高校共青团是高校思想引领、人才培养的基地与组织,是高校学生工作必不可少的子系统之一。要服务好青年学生,单凭共青团一己之力难以为之。小葵建立之初,大部分的高校还没有将网络文化产品创作纳入议题中,尚未建立系统的产品创作机制,更不要说专业指导、经费制度等方面的保障。为此,"小葵团队"搭建了以协同创新为导向的"小葵模式",扩大与高校各子系统的交集,争取学校各级党政在制度设计、政策制定、活动经费等各方面的关心和支持,整合并发挥好党建系统、宣传系统、学工系统、教务系统、科技系统、体委系统、后勤保卫系统等系统的力量。例如,高校学工系统与共青团系统工作交叉多,部分工作性质相类似——双方职能均覆盖思想教育、评优评先、奖励资助、心理健康教育、就业创业指导、辅导员队伍建设等工作。从这个角度看,如果把高校共青团比作学生成长的"导师",那么学工系统则是学生成长的"管家",二者缺一不可、互为支撑,形成合力。二者只有互通有无、互为表里,才能服务学校事业的发展。

又比如,在开展工作的过程中,很多高校共青团不太注重与学院党政部门、兄弟部门的沟通以争取最大限度的资源支持,以至于独立作战缺乏组织活力。在长期的实践中我们发现:高校共青团分管的学生工作与各学院(系)党委分管的学生工作存在着许多的工作交叉,例如每个院系都需要开展的社会实践,都需要运营官方微信公众号。有时候,一个学院级别的共青团工作甚至比校级的做得更出彩,高校共青团组织网络健全、工作体系完善,在纵向上从院团委到团支部都有建制、层层推进,在横向上各学院院团委和各班级团支部广泛联系、相互促进,我们应该充分利用好这个架构,与各个学院协同共建、资源共享,实现更高的创造性和号召力。

第二节 协同创新的类型及效果

辩证唯物主义认为,物质世界是由无数相互联系、相互依赖、相互制约、相互作用的事物和过程所形成的统一整体,这就是系统普遍存在的哲学基础,也是协同创新的理论依据,协同正是在不同系统中进行的。冯·贝塔朗菲将系统描述为"是相互联系、相互作用着的诸元素的集或统一体,它是处于一定的相互关系中并与环境发生关系的各个组成部分的总体"①。"小葵模式"是福建师大校团委探索建立的一个土生土长的思政工作系统,也是自成体系并仍在成长进化的思政工作系统,这样的工作系统不仅要修炼自身内功,更要向外寻求协同、不断进行创新升级。从目前已有的工作基础和成效看,"小葵模式"向外寻求和探索出的协同创新类型包括以下几种:与上级平台开展的协同试点、与同级平台开展的协同共建、与其他横向项目间开展产品的协同开发等。下文将对这些协同创新的类型及效果进行详细阐述。

一、协同试点:借梯登高,融入大局

(一)协同试点的类型介绍

协同试点这一类型主要包括两个央级试点单位的建设,即团中央首个网络新媒体转型创新试点单位和教育部高校网络文化建设试点单位。

团中央首个网络新媒体转型创新试点单位,指的是 2014 年 1 月团中央在我校召开全国高校网络新媒体推进会,向全国发布我校团委网络卡通形象。会议肯定并推广了我校新媒体经验做法,举行了"高校共青团网络新媒体转型创新试点单位"的揭牌仪式,福建师范大学团委成为全国首个高校共青团网络新媒体转型创新试点单位。会议开展很成功,团中央也高度肯定了我校在新媒体工作方面取得的成绩,发布了《全国高校共青团关于科学、理性、健康应用网络新媒体的福州宣言》;哈尔滨工业大学团委、桂林电子科技大学团委、北京科技大学团委、武汉理工大学团委等 4 家单位和团中央网络影视中心分别就高校共青团与新媒体工作进行了交流。团福建省委还分别与新浪网、腾讯网、凤凰网签订了新媒体工作战略合作协议。会上团中央书记处书记傅振邦指出:要充分认识网

---

① [美]冯·贝塔朗菲:《一般系统论》,载《自然哲学科学问题丛刊》,1979 年第 1 - 2 期。

络新媒体给高校共青团工作带来的新机遇,主动拥抱移动互联网大时代;将网络新媒体工作作为推动学校共青团未来事业发展的重要战略任务,尽快实现高校共青团网络新媒体的战略转型;"建阵地、建队伍、建内容、建数据、建机制",实现网上、网下工作的有机融合。

　　教育部高校网络文化建设试点单位,指的是 2013 年教育部根据《教育部、国家互联网信息办公室关于进一步加强高等学校网络建设和管理工作的意见》(教思政〔2013〕3 号)精神,决定在清华大学、上海交通大学、南京大学、天津大学、中山大学、电子科技大学、中国传媒大学等第一批七所高校开展校园网络文化建设专项试点工作;以探索创新高校网络文化建设和管理机制为核心,以着力培育一批网络名编名师、开办一批网络名站名栏、发表评选一批网络名篇名作为重点,以弘扬网上思想文化主旋律、推进网络思想文化阵地建设、增强网络文化育人功效为目标;通过试点,调动高校加强网络建设和管理的积极性,探索掌握网络文化育人主动权、网上舆论引导话语权、网络管理主导权的经验和办法,促进高校网络建设和管理工作取得新成效、呈现新局面。福建师范大学是 2015 年主动申报成为第二批高校网络文化建设专项试点单位之一的高校。2013 年 10 月 24 日,教育部在京召开高校校园网络文化建设专项试点工作启动部署会,教育部党组副书记、副部长杜玉波出席会议并讲话指出:开展高校校园网络文化建设专项试点,是落实全国宣传思想工作会议精神和部党组部署的重要举措,是网络时代高校思想文化建设的重点任务,是一项牵一发而动全身的改革探索,将对高校综合改革起到有力助推作用。

　　当前,互联网已经成为思想意识形态领域争夺的重要阵地,也是高校推进宣传思想工作的一条重要渠道。唯有把网络文化建设和管理摆在更加突出的位置,才能牢牢把握学校意识形态工作的领导权、管理权和话语权,才能确保主流思想和舆论占领意识形态阵地。福建师范大学从 2014 年被团中央确定为网络转型创新试点高校。经过一年的努力,国务院副总理刘延东同志对我校新媒体工作作出重要批示,充分肯定我校做法。傅振邦书记、教育部部长袁贵仁,福建省领导等均作出批示,要求总结推广我校经验做法。

(二)协同试点的主要效果

创新是一个民族前进不竭的动力,是社会发展进步的力量,尤其是技术创新,是当前社会发展的重大需求。"由于技术创新能力的过剩,会使在发明与需求或需要之间产生不完全的契合,因此社会选择的过程就必然发生。有一些技术根本就行不通,有些效率很低,有些有效但没有多大技术影响或社会影响。"①福建师大团委在新媒体方面的工作技术引领能力强、工作成效突出,这是团中央和教育部之所以选择其为试点单位的关键所在。这种选择和试点正体现了技术与社会、组织与个体协同进化的重要意义所在。福建师范大学成为团中央首个网络转型创新试点高校和教育部高校网络文化建设试点单位以来,取得了一系列协同进化的效果;使我校团委紧紧跟住了新媒体发展的势头,并借央级试点之高梯,登高协同、高位嫁接,很好地融入了团中央新媒体发展大局,有利于促进团学新媒体新风尚的形成。

第一,作为团中央首个网络转型创新试点高校,我们有机会融入更大的协同展示平台:首先,协同工作、联系紧密,信息可以直报团中央。成为首个创新试点高校,我校团委也因此加强了与团中央的联系,部分工作可以直接与团中央进行沟通衔接,增强了协同工作的便利。正因为有这样的机会,我校团委也先后 16 次在全国性会议上作典型发言和经验介绍。其次,打造新服务平台,共创共推更多的内容传播新渠道。我校团委依托校园各级组织体系建立的网络矩阵,打造了失物招领、学习养成、运动健身、提案反馈、志愿公益等八大服务平台。同时,线下的校园活动全部利用微博微信微视进行线上宣传、报名、现场直播及事后反馈,让人人可参与、人人易参与。校团委还顺势而为,开发网络卡通形象代言人"福师大小葵",并借 2014 年 1 月团中央在我校召开全国高校网络新媒体推进会的契机,与团中央协同共推,成功向全国发布我校团委网络卡通形象,拓

---

① 朱凤青:《技术的进化与进步》,中国环境出版社 2014 年 5 月 5 版,第 43 页。

展了我校品牌的传播平台。之后,我校团委又借助各种合作机会,以漫画、Flash、微电影、绘本等学生喜闻乐见形式,共创共推社会主义核心价值观等8大系列280余件作品,在潜移默化中引领青年成长。团中央微博也经常性地推送小葵文创产品,拓展了我校小葵产品的传播渠道。再次,成为转型创新试点单位后,校团委工作得到更多的重视。比如为更好地推动工作,在物质条件方面,学校投入启动经费30万,另拨付20万元用于180平方米的福建省青少年网络新媒体研究中心办公室装修。挂靠于我校团委办公的福建省易班发展中心目前有200平方米的办公场所,办公设备配套齐全,前期投入达50万元。

第二,作为教育部高校网络文化建设试点单位,我们在组织机构、队伍建设、条件保障、政策支持等方面进行探索创新,研究形成有利于网络文化队伍建设、内容创作、弘扬传播的新机制、新途径、新办法。首先,统筹校内、校际优势资源,健全组织机制和人才培养机制。包括建立责任机制、联动机制、动态管理机制等工作机制,使网络文化建设既有总体上的规划设计,又有明确具体的任务分工;既注重各单位特色,又强调整体合力;既注重单项创新,又强调系统推进,推进网络文化建设协同创新。在组织机构方面,由校党委书记、校长牵头成立工作组,分管学生工作副书记、分管宣传工作副书记分别担任副组长,统筹学校有关职能部门和学院,成立学校网络文化建设专项试点工作领导小组。队伍建设方面,学校网络文化试点工作队伍采用专兼搭配的方式,配备专职干部3人和兼职工作人员若干,从相关职能部门、思想政治工作者、青年教师、青年学生中择优遴选兼职人员,分梯队培育网络文化建设队伍,增加网络评论引导队伍力量。其次,获得更多政策支持。学校对网络文化建设试点工作实行特殊政策,在人才选聘、工作模式、队伍建设、激励机制等方面给予政策支持。进一步完善激励评价机制,尝试增加网络文化贡献度指标,研究制定校园网络优质文章优质优酬办法。将优秀网络文章纳入科研成果统计、列为职务(职称)评聘考核体系;将有广泛影响的优秀网络文章列入科研业绩奖励,参照研究咨询报告,给予0.2万—1万元奖励;对社会反响强烈的网络优秀作品、网络名站名栏实施奖励政策;对在网络文化建设中表现突出的师生个人,每年单列名额进行专项表彰;对建设和发展相对落后的个别校园网站提出限时整改方案,敦促其进行改良和优化。

第三,我们及时借助试点单位的高位平台,承接了各类委托单位的众多网络文化产品的开发项目。比如教育部思政工作司委托的开展"学习宣传以习近平同志为核心的党中央治国理政新理念新思想新战略小葵系列漫画创作项目",与团中央组织部、福建团省委合作出版《我的青春我的团》,与全国青少年井冈山革命传统教育基地合作开发革命教育辅助教材等。以充分发挥网络新媒体传播优势,重点培育推出一批集图文、动漫、视频、微电影等形式多样、喜闻乐见的网络文化作品。

二、协同共建:借船出海,探索创新

(一)协同共建的类型介绍

协同共建的类型是福建师范大学立足校团委与省教育厅、团省委、省教育工委等同级单位合作共建的一系列网络文化研究中心,具体为:与福建团省委共建福建省青少年网络新媒体、与福建省委教育工委共建福建省高校网络文化产品研究评价中心、培育建设小葵网络文化示范工作室、共建福建省易班发展中心等。

"福建省青少年网络新媒体研究院",由我校和团省委于2015年共同成立,省委教育工委、省网信办等作为指导单位;其性质为民政厅注册成立的民间非营利组织;力争建设成为全国第一个集监测、培训、联动、研究、处置为一体的新媒体研究院,为我省青少年网络新媒体工作提供全面、系统的理论和实践支持;以专业化、差异化、本土化研究,增强我省青少年新媒体工作的自主性和创造性。其职能包括:成立网络舆情分析团队,定期发布舆情、青少年思想动态及使用新媒体情况报告;开发并推送青少年网络新媒体文化产品;每年发布研究成果,成为网络新媒体工作智库;承接各类网络新媒体从业人员及网络宣传员培训业务;实施专项计划,加强青少年网络新媒体人才培养等。

"福建省高校网络文化产品研究评价中心",由福建省委教育工委、福建师范大学于 2015 年共同建设,依托福建师范大学团委运行,是集产品供给、科学研究、评价激励为一体的网络文化产品研究评价机构。围绕网络文化内容建设,创新网络文化产品的表达形式和呈现载体,丰富优秀网络文化产品的供给和服务,促进优秀网络文化产品的创作生产;围绕网络文化科学研究,构建省内外、国内外网络文化研究交流与合作的平台,大力开展网络文化领域的理论研究,并助推实践工作;围绕网络文化评价激励,推动将优秀网络文章纳入科研成果统计、职务职称评审条件、评奖评优的依据,完善评价激励机制。其主要内容包括加强网络文化内容建设、开展网络文化学术研究、健全网络文化评价机制等。

"福建省易班发展中心"是福建省委教育工委、省教育厅为进一步创新高校网络思想政治工作、推进我省高校易班本土化建设,于 2016 年 8 月成立的集思想教育、教务教学、生活服务、文化娱乐为一体的大学生网络互动示范社区。中心办公室挂靠福建师范大学,建设目标为构建全省思政一张网、打造闽派思政工作品牌、推进易班校本化建设进程,按照"建设一个、带动一批、示范一片"的原则,全力打造全省高校网络文化示范工作室;协调推进各高校教务、学工、宣传、团委等校本化资源融合,促进易班线上线下联动服务学生成长;着力打造福建省网络育人新阵地。福建易班页面共包括最新公告、高校动态、热门话题、各类运用、高校活跃度排行榜、个人活跃度排行榜等模块。

(二)协同共建的主要效果

"协同是自组织系统生存和进化必不可少的因素。没有协同,一切高级的组合都不可能产生。"①福建师范大学立足校团委与省教育厅、团省委、省教育工委等同级单位合作共建了一系列的网络文化研究中心,其目的就是互相借助彼此间的优势共建打造一个甚至多个更加具有协

①　叶舟、胡均亮、陆天然:《关于宇宙互联网时代的世界观》,中国言实出版社 2015 年 1 月版,第 91 页。

同精神的组织体系,盘活各种资源,用活新媒体工作架构,激活思政工作格局。

第一,共同研究,以理论成果推动实践进步。共同研究以课题专业化带动,执行规范化建设。福建省青少年网络新媒体研究院成立之后,福建师范大学小葵新媒体体验中心迅速在校内建立。同时又增加了小葵每日舆情的监测,以提升小葵每日舆情专业化、规范化;在现有舆情速递的基础上,增加舆情观察、舆情调研等版块;整合校内网评员队伍、专业教师,成立青年舆情调研专题小组,主动设置选题,对青年网络使用情况、思想动态等进行更加深入、接地气的调研。此外还发布了一批新媒体课题立项,继续接收、培养来自全国高校的挂职人员,举办新媒体人员培训;对网络新媒体发展规律、传播方式及在青少年思想引导方面的科学运用等进行研究,以研究成果推动实践工作开展。每年举办 1 次全省青少年网络新媒体发展论坛,汇编研究成果 1 本。

第二,合作办学,致力于新媒体人才的培养。这方面注重强化组织保障,开展合作办学。福建师范大学为培育建设小葵网络文化示范工作室,成立工作室培育建设领导小组,各级单位互相配合,整合全校资源,共同支持小葵新媒体工作室培育建设和福建新媒体人才培养。比如,与福师大马克思主义学院合作办学,在其二级学科思想政治教育专业下设网络新媒体与青少年教育研究方向,招收研究生。同时,统筹省内高校专业优势,推进高校网络文化研究评价协同创新,打造福建省网络文化评价团队。推进专家型网络文化产品队伍建设,形成专人负责、统一管理、规范评价的网络文化产品研究评价的工作体系。承接各类网络新媒体从业人员及网络宣传员培训业务,着眼于培训一支素质高、能力强、业务精的共青团网络宣传队伍,每年争取承接全国性培训不少于 1 场,争取完成 1 次全省共青团网络宣传员骨干队伍轮训工作。

第三,共同运营,提升全省高校思政合力。这方面我校通过共同运营福建省易班平台,注重整合全省力量,形成思政合力。我省作为全国易班建设的试点省份,在易班建设方面进行了先行先试,省易班发展中心抓住时机,积极联合各高校,"抱团取暖"、整合资源,主动占领思想政治工作的网络阵地。福建易班推动平台与高校官方微博、微信、网站和学生工作管理系统等平台进行对接融合,打通各新媒体平台的界限。通过学生较为熟悉的新媒体,宣传推送易班的特色活动。同时,注重融合校园网络应用,省校两级易班积极与知名企事业单位、组织机构在文化、旅游、考研、考公等方面开展合作,在易班平台增设应用功能、拓展服务外延。充分调动各高校优质资源进驻省级页面,开辟名师课件、学霸学习笔记等"易班网上超市"。近3年来,省易班中心策划参与活动1500多项,发表网文5000多篇。此外,陆续建立《福建高校易班发展中心联络员制度》《福建易班发展中心联席会议制度》《福建高校易班联动制度》等十余种制度贯穿易班管理网,调动各高校积极性,共建省级易班,形成思政合力。

三、协同开发:借风起势,提升影响

(一)协同开发的类型介绍

福建师范大学团委小葵工作室在整合资源协同开发的理念之下,充分发挥人才优势、技术优势与创新创意优势,与产品需求方、资金提供方、项目合作方开展协同创新,弥补自身资源不足的短板,在协同创新、合作开发中塑造品牌、借风起势,不断提升新媒体品牌影响力。以项目为依托,福建师范大学团委已开发了一系列的网络文化产品,大致包含三类。一类是承担中央部委项目,如教育部思政司《习近平治国理政新思想新理念新战略》系列动漫开发重大委托项目,与团中央组织部、福建团省委合作出版《我的青春我的团》,成为全团第一本入团漫画教材;与全国青少年井冈山革命传统教育基地合作开发革命教育辅助教材等。一类是承担省内合作项目,如承担福建省委教育工委全省高校"两学一做"学习教育网络宣传重大委托项目,开发动画片(《"两学一做"学习教育进行时》和《"两学一做"学习教育就在你身边》动画片)、口袋书等作品向全省高校8000多个党支部发放;与福建省疾病预防与控制中心合作开发《为爱防艾你我同在》漫画宣传折页;与共青团福建省委开发《小葵说青运》系

列,包括手绘25个运动项目、视频、漫画折页;与中共福建省委组织部共同开发《投好手中票选好当家人》宣传漫画。三是与其他系统合作的项目,如与福建省旅游局合作开发的《小葵说之文明旅游最时尚》漫画折页和视频,荣获国家旅游局举办的"文明旅游看中国"公益微电影、微视频、微动漫原创作品征集最佳微动漫奖等。

（二）协同开发的主要效果

1. 扬长避短,实现更好的产品供给

哈肯在《协同学导论》中系统地论述了协同理论,认为整个环境中的各个系统间存在着相互影响而又相互合作的关系,进而又说明了协同系统是组织者有效利用资源的一种方式。其著名的"1+1＞2"公式更是被广泛应用于现代管理系统,该效应表述为使整体效益大于各个独立组成部分总和的效应,人力物力方面均是如此。高校共青团最大的优势之一就是人才储备丰富,并蕴含很强的创新创意资源,尤其是青年学生的力量不可小觑。比如小葵新媒体工作室,机制完善、队伍健全、保障到位,在参与学校网络文化建设和管理的丰富实践中,培养和建立了一支人数近150人、专业优势明显、工作热情高涨的网络新媒体工作队伍;同时设有技术部、动漫部、产品开发部,确保源源不断的网络文化产品供给;设有通联部,紧密联系全校2000多名团学组织新媒体学生管理员;他们是实现以上协同开发项目的人力资源基础。当然高校也有劣势,尤其是在硬件物资方面,是需要克服的不足。而这恰是我们与产品需求方进行协同合作的现实条件。通过这种项目化的协同合作,我们亦能更好地实现驻地高校的社会服务功能。比如承担福建省委教育工委全省高校"两学一做"学习教育网络宣传重大委托项目,协同开发的动画片(《"两学一做"学习教育进行时》和《"两学一做"学习教育就在你身边》动画片)、口袋书等作品向全省高校8000多个党支部发放,就实现了很好的服务覆盖。此外针对劣势和不足,学校也对新媒体工作室培育建设工作予以特殊政策——在人才选聘、工作模式、队伍建设、激励机制等方面给予政策和资金支持。制度机制日益完善,工作室队伍素养整体提升,向青年学生输出一批高质量的网络文化产品,进一步增强育人效果,推动校园网络文化繁荣发展。将工作室打造成省内乃至全国一流的大学生网络文化示范工作室,以实现更好的产品供给。

2. 从学生中来到学生中去,实现思政教育供给侧改革

常规的思政教育模式都是从上往下的"填鸭式"做法,带有浓厚的思想干预、思想引导行政色彩,通常是思政工作干部去寻找学生来教育,很少从学生真正需要的角度去关注其诉求。因此往往导致学生对思想教育产生抗拒与排斥。如何能够实现教育效果快速到达,缩短产品和学生群体的距离,亦是思政工作应该反思的。由此看来,教育领域也急需一场"供给侧改革",思想引导教育也需要"从学生中来到学生中去"。著名教育学者、21 世纪教育研究院副院长熊丙奇说,"解决我国教育的很多老大难问题,早就应该重视'供给侧'改革。"教育"供给侧改革"还得抓牢牛鼻子。(当代教育家,2016 年,第 3 期,脚注)思想政治工作需要遵循规律,要因事而化、因时而进、因势而新。全国高校思想政治工作会议上,习近平总书记在重要讲话中强调:要把思想政治工作贯穿教育教学全过程,实现全程育人、全方位育人。福建师范大学小葵新媒体工作室通过一整套完整的体制机制,让更多青年学生可以参与到网络文化产品的研究、开发、生产中去,本身就是充分汲取学生智慧、听取学生诉求、拉近学生距离的良好办法,也能够全程跟进学生群体的声音和兴趣爱好。而开发和建设这些项目和产品本身不仅是应各方需求,也是上级团委和思政部门工作的重要内容。他们有需求我们有创意,他们有资源我们有人才。与其按照传统的方法研究开发教育产品,倒不妨通过高校尤其是青年学生自身的力量来探索和创新,通过高校团委来协同开发贴近学生、贴近需求的、离学生更近的甚至干脆就来自学生的产品,也是一种有益的尝试。通过这种协同合作,产品从学生中来又迅速的可以到学生中去,有效缩短了育人产品到达同学的时空距离。如此,这种通过协同创新的方式技能解决供给问题,又能解决需求问题。试问,何乐而不为?

3. 改变故事讲述方式,赢得青年响应

教育产品怎么让青年人喜欢看、愿意看,用什么方式可以赢得大家的共鸣? 这是思政工作者需要思考的问题。为什么上文说的"产品从学生中来又迅速的可以到学生中去,有效缩短了育人产品到达同学的时空距离",就能产生良好的教育引领效果,让青年学生喜闻乐见呢? 这其中关键的问题是:这些依托于新媒体创新创造的产品,改变了传统的思政说教方式,改变了故事讲述方式。首先,福建师范大学团委用卡通形象代替"老师说"的形式,诞生了"福师大小葵"形象,成为爱、责任、理想和正能量的代言人。经过 4 年的发展,赢得了青年学生的喜爱,难能可贵。不仅如此,2014 年,校团委又尝试以漫画的形式推出《小葵寻徽记》《团歌奇遇记》等入团小故事。经团中央官微发布后,单条阅读量突破 5000 万,转发评论量突破 10 万。这让我们看到了产品开发的要领,感受到"内容为王,技术为用"的重要性;同时也让我们发现一点:青年人不是不爱看党团故事,而是讲故事的方式不恰当。那么应该怎么样让思想引领入脑入心呢? 创新是最重要的,让青年学生看着有意思、读得有感觉、听得有兴趣。于是我们通过协同开发,合作了《"两学一做"学习教育进行时》和《"两学一做"学习教育就在你身边》动画片、口袋书等作品向全省高校 8000 多个党支部发放;与共青团福建省委开发《小葵说青运》系列,包括手绘 25 个运动项目、视频、漫画折页,都受到青年学生的好评,赢得了大学生的响应和青睐。

第三节　协同创新的心得及感悟

借鉴自然科学的理论,按照达尔文的"自然选择"学说,各类企事业单位主要是通过自己的生存斗争而提升能力、成长、进化;"按照'共生理论',协同进化(Co - evolution)则指双方在选择压力之下,彼此在进化过程和方向上的相互作用,通过网络协作和适应对方来提升能力、成长、进

化。"各单位之间只有共同合作、共同成长、协同进化,才能建立起对双方都有利的共生体,在激烈竞争中获得竞争优势。① 正因此,福建师大团委才不仅注重修炼自身"内功",也重视向外寻求协同;不断进行创新升级,寻求协同创新和协同进化,最终实习合作共赢。这个过程其实也是"摸着石头过河"的过程,这也让我们获得了许多关于协同创新的感悟心得,特分享如下:

一、不忘初心,合作共赢

本着对团学工作的巨大热情和引领青年的重大责任,福建师范大学团委不断努力,将眼前工作努力做到更好更强更活。正如年初向团中央汇报的那样,"善用新媒体让大学生思想政治工作活起来",这也是整个团队工作的初心。尽管在工作过程中,我们遇到了种种困难和瓶颈,但我们始终没有忘记初心,没有忘记我们肩上的重任,没有忘记共青团的使命,更没有忘记对青年的组织、引导、服务和维护。

如今,福建师范大学小葵新媒体工作室运营下的"小葵"已经自成一个品牌,这个工作室也因其突出的工作而集体获得过福建省五四青年奖章。在对品牌的运营和维护中,福师大小葵没有忘记作为高校共青团的政治责任、社会担当和对青年的思想引导。虽然品牌逐渐做大做强了,可以有很多方法继续进行强强联合、有很多的市场合作可以选择。但小葵一直坚持着思想引领的出发点,没有借着创新协同的幌子而进行市场化商业化运营;始终坚持最初的出发点,抵挡市场的诱惑、放弃市场化的选择。因此我们可以看到的是:小葵所进行协同合作的单位都是有选择性的、有自身原则的;也正是这份初心和坚持,赢得了团中央的肯定,赢得了各级领导的赞赏。

习近平总书记在2016年"七一讲话"中共计十次提到"不忘初心",

---

① 杨玲丽:《企业共生关系的社会建构:结构方程模型的应用》,上海社会科学院出版社2014年10月版。

可见在漫漫长途跋涉中,在工作的长远发展中,保持初心的重要性。习近平总书记在讲话中告诫全党:"我们党已经走过了95年的历程,但我们要永远保持建党时中国共产党人的奋斗精神,永远保持对人民的赤子之心。一切向前走,都不能忘记走过的路;走得再远、走到再光辉的未来,也不能忘记走过的过去,不能忘记为什么出发。"①本着对工作的"初心",福建师大团委继续在思政工作的网络空间默默探索、辛勤耕耘。纵向上,在成熟的"五微五阵地"新媒体体系的基础上进一步整合资源,建立从上到下、从部门到学院、再到各年级、班级、团支部的校园官方微博体系;同时还着力构建起校园内各部门、各学院的官方微信矩阵,形成了无"微"不至的全覆盖育人微体系。横向上,构建微博、微信、微视、易班"四网"联动的横向平台,以差异化分工实现校园的全媒体覆盖,形成校园网络文化建设扁平化、高效率、全覆盖的传递平台。本着对思想引导的坚守,借助新媒体人才力量,不断挖掘校园文化、红色文化和优秀传统文化中潜藏的社会主义核心价值观教育题材和内容,创新形式载体,以微电影、漫画、沙画、H5 等学生喜闻乐见的形式,开发了《小葵说社会主义核心价值观》《小葵说孝之青年行动准则》《福建红色历史名人》等560 余件文创产品,不断将思想引导学习教育活动引向深入。我们也进一步发现:对协同方法的坚持、对合作理念的坚持,让我们的工作受益匪浅,并最终成就了今天的共赢局面。正如习近平总书记在和平共处五项原则发表60 周年纪念大会上说的,要积极树立双赢、多赢、共赢的新理念,"各美其美,美人之美,美美与共,天下大同"。

二、争取政策,高位嫁接

"小葵模式"的成功,离不开我们基础工作的扎实,更离不开各级领导部门的政策支持和培养,尤其是积极争取更好的利好政策、强化高位嫁接意识、不断争取新的工作突破。

---

① 习近平:《在庆祝中国共产党成立95 周年大会上的讲话》,新华网:2016 年7 月1 日。

　　这就要求工作视野要有高位意识、长远目光,成熟的活动可盛情邀请上级部门联合主办、承办。高校共青团工作格局的部署与工作路径的设计成熟后,校内与职能部门、校外与上级行政单位共同参与协同。高校思政工作部门活动与上级部门如团省委、省教育厅或国家部委联合主办,可通过多方的物资资源和宣传资源,扩大高校知名度和美誉度,整合更多社会力量更广泛的覆盖影响青年学生。比如,通过协同合作,承担中组部准则、条例系列动漫和教育部重大委托课题《学习宣传以习近平同志为核心的党中央治国理政新理念新思想新战略》系列漫画创作项目,就是这方面的例子。另外,团队还结合"两学一做"学习教育,开发创作《"不忘初心继续前进"的背后深意》《五大发展理念领航中国梦》《习近平的"健康中国"策》等10组动画、漫画作品,阐释新理念新思想新战略的时代背景、重大意义、核心要义、精神实质和科学内涵;梳理十八大以来习近平总书记重要讲话及指示,精心制作小巧实用"口袋书",让主流思想随处可学、学以致用。通过机会的把握,能够有效扩大共青团工作的社会影响力,梳理工作经验,推广先进经验,加强校际交流等。团队制作的《我的青春我的团》团宣教育动漫绘本更是成为全团团史教育教材,这也是我们高位嫁接的成功典范。

　　尤其是在2014年1月,团中央决定在福建师范大学召开全国高校网络新媒体推进会,可以说是将全国的平台建在了"家门口"。团中央书记处书记、学校部副部长、省委常委教育工委书记、团省委书记、副书记以及全国各省区团委学校部负责人和众高校团委书记等都参加了大会。我们也充分抓住了这个机会在会上向全国发布我校团委的网络卡通形象小葵,原创动漫短片《小葵是怎么炼成的》充分展示了"五微五阵地"微博体系建设的成效与经验,更与品牌形象"小葵"一起,结合一系列相关文化产品、微电影同步展示,引起全场的热烈反响。会议得以成功开展,团中央也高度肯定了我校在新媒体工作方面取得的成绩。会议上团中央也直接宣布我校为全国首个"高校共青团网络新媒体转型创新试点单位",我校团委成功进行了高位嫁接,抓住了机遇。正如傅振邦在大会上指出的,要充分认识网络新媒体给高校共青团工作带来的新机遇,主动拥抱移动互联网大时代,将网络新媒体工作作为推动学校共青团未来事业发展的重要战略任务。我校团委的新媒体工作品牌也正是从这次会议开始走出校园、走向全国,继此次后又先后16次在全国会议上作经验介绍,前后共计40多个国家政府官员、300多家单位来校交流。

三、坚持主导,塑造品牌

坚持"小葵"品牌为协同创新的基础和主导。毕竟协同工作一旦框架达成,尤其是协同管理的框架和基础,就不仅仅需要考量各方的关系、地位和层次。"形成协调管理的关键点是进行各系统利益的合理分配,子系统通过协调管理各自获得更大的利益,是协调管理形成的利益分配机制的核心。协调要素之间的利益,实现互利、互惠、双赢与共同发展的利益分配机制将促进协调管理的形成,同时,也有利于系统的稳定和发展。"①

为此,我们在运营"小葵"品牌的同时,就需要在这层层关系利益之中把握主导尤其是不轻易接受市场化商业化合作模式,努力抵制着商业气息的侵袭,坚守高校共青团应有的政治属性和社会责任。因此在协同各方构建社会主义核心价值观"五四三"微传播教育体系时,我们就专门打造了以"五微"即微博、微信、微视、微课堂、微论坛为传播教育平台;以"四化"即移动化、视频化、社交化、互动化为传播教育途径;以"三落"即落细、落小、落实为传播教育要求;以项目带动为抓手;广泛深入开展社会主义核心价值观宣传教育活动,使核心价值观的影响像空气一样无所不在、无时不有。积极开展网络舆论正向引导,组织思想政治工作者、教学名师、理论名家、博士研究生等组建网评员队伍,成立马克思主义经典理论研读俱乐部,编印《小葵看天下》时政专刊,及时传播党和政府的主流

---

① 王守明、韩建慧、刘永阳、袁明:《国际 EPC 电站工程技术手册》,中国电力出版社 2015年7月版,第11页。

声音、国内外重大时事、相关政策动态等正能量信息,经过微博裂变式转发评论,形成上下一致、口径统一的思想舆论导向,占领网络思想高地。以校园先进典型等为素材,开展微电影创作、微视频征集,以及"劳模访谈""对话名师"等专题视频录制和展播等活动,用学生熟悉的人和事引导学生成长。福师大小葵既是"又红又专"的思政工作平台,同时又是很接地气的"又萌又逗"的网络人气大"V"。保持这种"又红又专"的属性是我们品牌建设和坚守的一大策略,团队自始至终秉持品牌形象主导的方法。我们接地气的工作方式同时也是脚踏实地的。举例来讲,团队建立的全天候微博信息值班制度,指派专人研判校园网络舆情、及时准确把握学生思想动态、实施线上线下融合互动,有针对性解疑释惑、排忧解难,实现了在润物无声中做好思想工作。这期间我们就要做到"协调要素之间的利益,实现互利、互惠、双赢与共同发展的利益分配机制将促进协调管理的形成",最终有利于协同框架下工作格局的稳定和发展。我们有优势更有不足,尤其是资金不足、平台不大,但我们也不会因为为了获得这些而放弃品牌应有的坚持,不会放弃在协同合作中对品牌的主导定位。

学者认为,宇宙的进化是整体关系的协同进化,一切进化都是整体动态互动的结果。①"罗辑思维"有期节目说:我们在谈论人类社会的变化的时候,经常会倾向于强调那些和人类无关的因素,比如技术的作用,资源的作用和地理环境的作用等;我们往往忽略了一个最重要的问题:任何人类社会变化的达成,本质上都是人和人之间关系的变化;做任何和人相关的事,本质上都是建立一个协作系统;让更多的人介入其中,卷入更多方面的价值,有时看起来和这事无关,往往反而是成事的关键。建立一个整体协作系统,尤其是创新的协作系统,是我们工作取得进展和成效的重要方式,我们也将在这方面不忘初心,继续努力。

---

① 叶舟、胡均亮、陆天然:《关于宇宙互联网时代的世界观》,中国言实出版社 2015 年 1 月版,第 90 页。

第七章

团队熔铸:驱动思政教育最强大脑

人们常说,组建一个优秀的团队,是事业成功的一半。小葵团队从嫩芽破土到开枝散叶,从雏鹰展翅到云翔九天,一路走来有奋斗的艰辛,也有成长的喜悦。小葵团队现在组织结构完整、人员配备齐全;团队注重多样灵活的选拔方式,开展高端有效的指导培训;采取合理适当的激励措施,在"爱、忠诚、责任、理想"的团队文化指引下,朝着光明的未来正不断努力、不断奔跑。

第一节　枝繁叶茂成长记

小葵团队,从狭义而言,是指学校团委新媒体团队的统称;广义而言,它还包括以小葵元素的文化产品设计和网络 IP 产品创意的团队。

强化人才队伍建设,不断完善用人机制,是促进小葵团队一直向前发展的根本保障,是小葵团队在实践中最强大的动力源泉。小葵团队的组建有别于传统宣传队伍、学生干部队伍的建设,它不仅要求成员具备学生干部的基本宣传能力,还要求他们要具有信息时代的敏锐性。在新媒体人才培养中,福建师范大学团委经过多年的实践和上下求索,终于探索出了一条学习、实践与运用相结合的新媒体团队建设路径,在思想引领和建章立制中驱动小葵团队高效率、高质量的创作和运行。正如有些学者在新媒体人才培养中所言"加强新媒体队伍建设，推动新媒体事业发展，既要靠思想教育、道德自律，更要靠制度规范、机制约束……努力形成激励与约束相结合、自律与他律相结合、内部管理与社会监督相结合的有效机制，用科学的制度和机制引导人、约束人、激励人。"①

一、春种一粒粟：团队诞生演变

面对新时期高校宣传工作需要的新形势，自 2011 年 9 月以来，共青团福建师范大学委员会敢于尝试，在全国高校团委中首批开通官方新浪微博@福建师范大学团委；并打造出一批业务素质强硬的"微团队"；自觉承担起研究和引领"微时代"话语权表达的历史使命——树好形象，讲好故事，唱好声音。

（一）起步阶段

"这是福建师大团委官方微博，我们的宗旨是服务同学。欢迎光临！"

2011 年 9 月 9 日凌晨，福建师范大学团委发出第一条微博，此举标志着福建师大的团学工作开启了"微模式"。其实，早在学年开学之初，团委就在新学期学校共青团工作要点中指出：要深入探索思想引导的有效途径，善于运用大学生喜欢的沟通、联络、交流、聚集方式以及语言风格、话语体系与他们交流；善于借助网络、手机、微博、QQ 等新兴媒体扩大对青年学生的影响。这是学校团委首次在官方文件上明确表态要在微博等新兴媒体上有所作为。此时，校团委对微博管理正处于初始探索阶段，只是将微博作为学校共青团工作对外宣传的一个窗口，微博主管单位挂靠团委宣传部——由宣传部的指导老师负责、一名助理协管、宣传部的学生干事共同协助管理微博，主要力量依托团委原有的手机报学生管理团队。他们可以说是"临危受命"，对于新媒体的发展尚未有清晰的思路和完善的结构。通过"摸石头过河"式的探索，希望探索出一条适合校

---

① 刘海藩、张薇：《良性互动的领导者媒体交往方略》，红旗出版社 2012 年版，第 208 页。

情、学情的新的宣传方式。可以说,小葵此时正处于孕育阶段。

新媒体的运用深刻地改变了学生的学习、工作和生活方式,也改变了学生思想的培育环境。掌握主动权和话语权、抢夺舆论制高点成了高校必须要面对的挑战。于是校团委积极应对,并探索出"五微五阵地"的育人新机制,努力构筑起网络思想政治教育的新高地。"五微"即微协会、微活动、微服务、微论坛、微文化;"五阵地"即努力将团学组织微博建设成为思想引领的新阵地、成长服务的新阵地、组织动员的新阵地、答疑解惑的新阵地、工作创新的新阵地。这是学校新媒体工作的阶段性总结,是探索新媒体思想政治教育积极实践的成果。与此同时,这也倒逼着小葵团队必须迅速地成长。

(二) 开创阶段

2012 年 12 月 3 日,福建师范大学网络卡通形象"小葵"正式发布。小葵作为新媒体时代我校的网络卡通形象,勇敢尝试时下网络流行语,用同学们喜闻乐见的形式、活泼有爱的风格,主动服务青年学生的需求、引领青年学生的思想,逐渐成为师大师生的小伙伴。校团委提出了"新媒体在哪里,小葵就在哪里!"的口号。自此,小葵就成了学校新媒体的代言人。

为了进一步加强学校团学组织微博的管理和建设,推动学校"五微五阵地"微博体系建设工作,学校决定:成立微博管理服务中心,并将其作为校团委内设部门。微博管理服务中心设有编辑部、技术部、通联部三个部门;中心主任由校团委老师兼任,设中心副主任 3 名;各部门部长 1 名,副部长 2—3 名,干事若干名。在岗位的设置中校团委明确指出:副主任最主要是协助主任统筹中心总体工作;编辑部主要负责微博的栏目设置、内容发布、微刊物编辑及大型活动微直播等;技术部主要负责微博建设的技术支持;通联部主要负责中心内务及对外联络工作。同时,它也应当是全校 600 多个团学组织微博的"大管家":主要负责统筹、监督全校各层级微博体系;通过讲座、培训等形式进行大学生新媒体素养教育;负责"小葵"形象的宣传和打造。校团委还在有限的办公场所中辟出三间办公室,合计80余平方米,作为办公场所,并努力将中心做大做强。至此,团队建设初具规模。

随着"五微五阵地"微博体系以及"福师大小葵"微信账号的运营管理团队的逐步完善,团委开始构思如何组建一支素质强、反应快的新媒体队伍,统筹推进网络思想引导工作。校团委深入推进团学工作网络新媒体战略转型,并于2013年成立福建师范大学新媒体发展与研修中心,兼并原来的微博管理中心。媒体发展与研修中心分为三个部门:编辑部、通联部和技术部。编辑部负责共青团福建师范大学委员会官方微博@福建师范大学团委和微信公众号等新媒体平台的日常管理与维护;设计策划微活动、微直播,搜集反馈微博舆情和学生动态。通联部主要负责中心内务及对外联络工作,包括传达、落实微博宣传报道计划,落实各项管理制度;负责队伍建设和日常管理;负责各学院微博的监督和考核;负责对内及对外培训和交流推广工作;计划、协调、安排中心内部各类会议;举办各类新媒体交流论坛和沙龙等。技术部主要负责技术支持和美编工作,包括微直播网络搭建及后台管理、摄影摄像等;相关App的研发、开发及维护工作;小葵形象维护和打造,小葵系列文化产品的设计与开发等。

(三)成熟阶段

2014年1月8日,全国高校共青团新媒体工作研讨推进会在我校召开,在我校成立全国首个"高校共青团网络新媒体转型创新试点单位"。团中央书记处书记傅振邦、学校部副部长李骥,福建省委常委、教育工委书记陈桦,团福建省委书记何明华出席了会议。在推进会的现场,校团委品牌形象"小葵"和一系列相关文创产品、微电影进行同步展示,引起全场的热烈反响。在这充满赞誉的背后,是小葵团队成长成熟的体现。在推进会和基地成立的助推下,小葵团队也进入了迅猛发展的阶段。

学校团委站在新的起点上,在继续做好原有微博平台的基础上,又增添了微信、微视两大新媒体平台。同时,也进一步占领QQ空间、知乎等新的青年聚集地,进一步增强网络新媒体工作的覆盖面和影响力。在迅猛发展的同时亦不能忽视新媒体的发展问题,强调要进一步加强共青团网络宣传员、网络评论员、网络文明志愿者队伍建设,提升共青团网络宣传和思想引导工作。站在更高的平台上,学校团委的使命更重,为了进一步做好新媒体的思想引领工程,学校还统筹了学校电视台等多个学生组织的力量,将小葵团队打造成一流的新媒体工作团队。

于是,随着新媒体平台的整合和延伸,小葵团队的中间作用日益凸显,小葵团队的规模也慢慢扩大。在组织设置中,小葵团队以小葵工作室为创新平台,设有部长 1 名,由学校团委老师领衔,常务副部长 1 名,副部长 7 名,团队全面负责新媒体工作。小葵团队的成员通过遴选、推荐、招募等多种方式组建,为学校新媒体工作奠定了坚实的基础,从而助力小葵工作室打造成为首批"福建省大学生网络文化工作室"示范项目。被团中央学校部授予首批"全国高校共青团新媒体中心综合类工作室",团中央学校部副部长李骥为工作室授牌。

二、秋收万颗子:团队组织架构

由最初隶属宣传部的两三人到如今部门齐全的工作室,不仅是在团队的人数上,还是在新媒体的工作范围,小葵团队都在迅速成长。目前,小葵团队的组织结构可以分为"一体两翼"。

(一)构造一流统筹主体

小葵工作室在一名校团委老师负责下,主要由学生团队构成,设有14 个部门。

1. 平台运营

微博部:负责共青团福建师范大学团委官方微博@福建师范大学团委的日常管理与维护——包括团委微博的栏目设置、微博编辑;运用根据时间节点以及上级工作需求,设计、策划、执行微博专题活动;进行大型活动的现场微直播等。

微信部:负责共青团福建师范大学团委官方微信公众号"福师大小葵"的图文创作、运营维护、营销推广——包括日常选题策划、新闻采写、图文编辑、后台更新、粉丝互动、功能开发、品牌推广等,致力提升"福师大小葵"微信的知名度和影响力。

微视部：主要负责小葵工作室一系列相关视频的制作以及宣传照的拍摄；包括前期摄像摄影，后期剪辑修图等，以影视技术为重点。

QQ空间部：主要负责福师大小葵QQ号（543211907）的日常管理和空间的运营。通过QQ为纽带，与各学院团副、团支书进行互动，协助其在QQ空间进行团学活动的宣传与推广，致力于打造一个微空间平台。为广大同学服务，从而扩大小葵的影响力。

青年之声部：主要负责团属阵地《青年之声》的建设。了解青年呼声，回应青年诉求，积极协调有关职能部门回应和解决问题；服务青年成长，针对青年关心的成长发展、就业创业、公益实践、权益维护、身心健康等领域提升组织活力；负责各学院《青年之声》的建设；负责团队成员的培训。

国际传播部：主要负责知乎、Facebook、Twitter等国际主流新媒体平台的建设；负责国际主流媒体文案的策划和发布等。

2. 产品开发

动漫部：主要是负责制作系列动画，参与前期脚本创作、分镜设计，以及后期配音剪辑等；制作方向侧重Flash动画、3D动画与游戏美工制作。

技术部：主要从事工作室设备的检修，为前线平台提供技术支持，为各类项目提供技术支持；负责H5页面，网页设计，编程类产品的前期构架；负责工作室中视频、音频、图像处理；提供创意创新的角色设计，从手稿、电子版到成型；开发2D平面类的相关视图等。

产品开发部：负责各种线上线下产品的一体化方案——线上产品的创意提出、讨论绘制、修改定稿；线下产品从产品的创意、需求调研、论证制作到和商家商谈、交流初步材质、大小等再到产品的设计修改以及最终的定稿制作。

舆情部：协助学校做好宣教舆情引导工作；通过微信、微博、QQ、知乎等新媒体手段收集学生的舆情；每天对学生的舆情做出研判并上报学校；负责每日、每周舆情报告的撰写；负责网络舆情的处置；负责网络舆情队伍的建设和培训等。

3. 后勤保障

办公室:主要负责小葵新媒体工作室内部的事务性工作,包括财务统计、文件整理、物资管理等,保障整个工作室的后勤工作。

培训部:在每一届纳新后,主要负责对新加入的干事进行培训。此外,负责小葵新媒体人才培训班的报名、课程的安排等。

展馆部:主要负责小葵展馆的运营,包括对馆内产品的更新、对环境的维护等。此外,有宾客前来参观的时候,负责进行现场的引导参观与解说。

外联部:在工作室主任老师的统筹带领下,内通外联、协调和配合主席团及其他部门的工作;主要负责日常事务的安排通知、工作室建章建制、档案管理等;协助微博部管理团委微博,致力于加强工作室与外界的联系。

(二)塑造教师智囊前翼

教师网络思政团队作为小葵工作室的"前翼",充分发挥了"智囊团"的作用,成为学生的领路人与启发者,同时也在不断"充电",与学生们一起进步与成长。他们"接地气",融入学生、了解学生所思所想所愿,为学生排忧解难答疑解惑;"用经验",指导工作、培训新媒体技能与思维,总领思想大方向;"与时进",不落伍、时刻保持对时事热点以及当下流行的关注,紧抓最新的新媒体传播方式。截至目前,学校教师网络思政团队主要有以下三类:

一是教师实践团队。学校网络思政工作队伍采用"专兼搭配"的方式,配备专职干部3人和兼职工作人员若干;从相关职能部门、思想政治工作者、青年教师、青年学生中择优遴选兼职人员,分梯队培育网络文化建设队伍,增加网络评论引导队伍力量。同时鼓励并聘请思政工作者、教学名师、理论名家以及辅导员在网上经常潜潜水、发发声,融入学生朋友圈、了解学生所思所愿;开设网络思政专栏,推送"理论热点面对面""践行社会主义核心价值观"等优质内容;面对面传授知识,键对键答疑解惑。

二是教师指导团队。学校在《关于完善团学系统"五微五阵地"微博体系建设的实施意见》中明确指出各级团学组织微博日常运营的"七个必须"；从行政文件层面规定了教师在新媒体工作中的工作行为和工作方向；并明确"每个微博必须配备一名指导老师，每个团学组织微博必须配备一名指导老师；指导老师如有变动的，需第一时间上报上级团组织备案"和"必须成立一支管理团队"。各级团学组织必须成立一支由组织负责人牵头的管理团队，学院团委微博负责人为学院团委书记。教师指导团队负责把握新媒体思想走势"大方向"，起到领路人以及总指挥的作用，对学生团队进行思想的引领以及创意的启发。

三是教师培训团队。教师培训团队由两部分组成，一是校内现有的教师培训队伍。校团委积极邀请学校各学科、各专业老师，为学生培训，努力提升学生的创作和运用水平。例如小葵团队在承担中宣部关于《条例》和《准则》的文创课题时，会邀请马克思主义学院的教授们为学生传授相关知识点，为学生对内涵的把握、前沿探究把握正确方向。二是聘请校外知名企业和负责人担任培训师，以市场的实际运营状况指导学生的具体操作。例如学校与新浪微博签订战略合作协议，共建高校新媒体培训基地，通过知识传授、系统训练、实践演练和案例研究等形式，帮助学校管理者、团学干部、教师、学生更好地认识新媒体、增强表达能力、主动沟通的意识，提升信息获取和识别能力。此外，双方还在优质课程在线教育、青年群体媒介素养培养、移动校园技术研发、名师微博入驻、科研项目产学研一体化合作等方面，开展一系列合作项目。

（三）打造项目化团队辅翼

福建师范大学是一所高水平的综合性大学，学科专业性强，各类人才济济，并且思想灵活富有创造性。基于此，校团委唯才是用：按照新媒体工作的需要，适时、适当招募各方面人才，服务新媒体工作发展。同时，校团委积极响应国家的"大众创新万众创业"的号召，将小葵的文创产品当作学生创新创业、成长发展的检验石，让学生有项目可实践、有市场可拓

展、有资金可运转。与此相适应的按需立项方式深受学生喜爱,学校也以此为纽带集聚了各类人才。杨,是我校传播学院的一名学生,他充分运用自身专业的优势,承担了小葵工作室《奋斗的青春最美丽》系列视频的拍摄。在老师的指导下,精品文创不断呈现;在校团委支持下被评为福建省"创业之星"标兵,获得10万元创业支持。文学院"90后"学生潘绒茸喜欢漫画,曾在各级各类创意比赛中获奖,在校团委的指导下创作出《小葵寻徽记》《团歌奇遇记》等漫画;获得团中央好评,在全国团组织中产生了重大影响。职业技术教育学院2013级的吴文刚同学,现为国家高级摄影师、中国国家地理专栏摄影师、英国皇家摄影学会会员、景象图库签约摄影师。他运用巧妙的摄影技巧拍摄出许多优秀作品,在小葵平台上进行推送。通过摄影作品向大家展现师大人的青春风貌、师大里不一样的美景,为平台用户带来一场场视觉盛宴,如《你所未曾见过的师大星空与夜景》。此外,除了线上推送,小葵团队还在2016年毕业季时与吴文刚同学进行合作,推出约拍活动《毕业福利|国家高级摄影师,免费为你独家定制师大毕业写真》,取得了很好的反响。小葵团队的动漫部更是汇聚了有Flash动画制作、动漫制作等众多身兼多项技能的同学们。他们主要负责制作小葵系列教育动画,比如说将中国的传统文化改编成一组漫画;以及制作动画"小葵教你唱团歌""小葵介绍团史""小葵寻找身边榜样"等;把我们的新主张、正能量通过平台传递出去。

"一体两翼",打造最强战队。老师的正确引导、各大学生组织的合作共赢、广大同学们的协同创新,共同打造福建师范大学团委专属的富有正能量与阳光朝气的小葵形象。

第二节 卓越超群蜕变记

作为福建师大团委新媒体发展的初步纲领性文件,《关于完善团学系统"五微五阵地"微博体系建设的实施意见》对"注重培养抓好干部队伍"的工作做法主要有三点:一是注重微博管理人员的选拔。把一批政治素质过硬、运用能力强、应急反应快、奉献意识好的学生干部、社团精英充实到管理队伍中,为微博体系的运行提供充足的人员保证。二是强化业务培训。邀请专家学者、微博运营商围绕微博语言的使用技巧、微博技术应用与突破、微博事件的公关与应对等开展专题培训,有效提高管理人员的综合素质和业务能力。三是注重对外交流。组织微博管理团队与兄弟院校开展交流学习、工作研讨。从选拔、培训和交流三个层面促进人才队伍的提升,为学校新媒体工作的繁荣发展充实了有效的核心力量。

一、三大核心素养:政治、技术、责任

(一)政治素养是关键

有方向才有发展。习近平总书记在全国宣传思想工作会议上强调,新时期宣传思想坚持团结稳定鼓劲、正面宣传为主。鉴于"当前高校意识形态领域呈现出思想意识多样化、价值追求物欲化、舆情汇聚网络化、社会思潮聚集化、西方理论植入化、课堂纪律松懈化等突出问题。我们必须与时俱进,全面把握新时期高校意识形态工作的复杂样态,着力破除重覆盖轻渗透、重整体轻差异的模式,开创显性与隐性、应急与预警相统一的局面,牢牢掌握高校意识形态工作的主动权。"①这就要求我们在改革的历史时期,要正视眼前的大学生思想潮流多变的困难与挑战,我们"必须坚持巩固壮大主流思想舆论,弘扬主旋律,传播正能量,激发全社会团结奋进的强大力量。关键是要提高质量和水平,把握好时、度、效,增强吸引力和感染力,让群众爱听爱看、产生共鸣,充分发挥正面宣传鼓舞人、激励人的作用。在事关大是大非和政治原则问题上,必须增强主动性、掌握主动权、打好主动仗,帮助青年学生划清是非界限、澄清模糊认识。"②

---

① 王建南:《把握高校意识形态工作复杂性和主动权》,载《思想教育研究》,2014 年第 10 期,第 53 页。

② 习近平:《在全国宣传思想工作会议上的讲话》,载《新华日报》,2013 年 8 月 21 日,第 1 版。

习近平总书记指出,在新的时代条件下,党的新闻舆论工作的职责和使命是:高举旗帜、引领导向,围绕中心、服务大局,团结人民、鼓舞士气,成风化人、凝心聚力,澄清谬误、明辨是非,联接中外、沟通世界。要承担起这个职责和使命,必须把政治方向摆在第一位,牢牢坚持党性原则,牢牢坚持马克思主义新闻观,牢牢坚持正确舆论导向,牢牢坚持正面宣传为主。

小葵团队作为福建师范大学乃至全国新媒体的主要发声者,政治素养过硬是其第一核心要素,要讲好故事、唱好声音就要有敏锐的政治意识,能在泥沙俱下的网络环境中辨别是非。要熟悉党的思想方针政策和法律法规,依法发声;要用主流思想和社会主义核心价值引领青年,在运用新媒体时融入思想、渗透价值,增强当代大学生的道路自信、理论自信、制度自信;要在日常宣传中加强国家、民族认同教育,努力提升宣传工作的精准化、精细化、精益化,旗帜鲜明地引领广大青年学生听党话、跟党走。

(二)新媒体素为核心

有质量才有效果。小葵团队作为新媒体思想政治教育的实施者,只有了解新媒体特点和性能,才能更好地服务学生成长。团中央书记处第一书记秦宜智在共青团宣传思想工作会议上指出,加强网络宣传引导工作,"要重内容,精心推出大批具有思想内涵和感染力的动漫、短视频等新媒体产品""要深刻把握当代青年的新变化新特点和思维心理,增强引导内容和方式的亲和力、感染力及针对性、实效性"。[①] 只有用当代青年人喜欢的话语方式和喜闻乐见的表现形式,才能吸引学生的注意力,增强共青团思想引领的亲和力,才能更加容易地让学生接受,方能达到事半功倍的效果。

那么何为"新媒体素养"? 国外研究界对媒体素养的定义是:人们面

---

① 李立红:《共青团宣传思想工作会议在京召开》,载《中国青年报》,2014 年 2 月 17 日,第 1 版。

对不同媒体中各种信息时所表现出的信息选择能力、质疑、理解、评估、创造和生产能力以及思辨的反应能力。① 也就是说小葵团队在玩转新媒体时要有获得、解读、使用和利用新媒体的能力。全面的认识和接受新媒体的存在和日新月异的变化,才能从理性上接受新媒体并创造出新东西。

于是,小葵团队专注新媒体的"时、度、效"把握,及时了解学生的好恶和思想动态;能够敏锐地捕捉学生的关注点,第一时间做出应对;能用青年人喜闻乐见的言说方式做出回应或者创作,让新媒体思想政治教育深入人心,落地开花。

(三)责任意识作基石

有责任心才有执行力。小葵在设计时,我们就赋予了其爱、忠诚、责任、理想的精神,其中关于责任的定义是"纵使阳光短暂地被乌云遮蔽,向日葵依旧绽放"。小葵是师大青年师生的守护者,她用心分享着学校发展中的喜悦,努力化解着日常管理中的矛盾,不遗余力地营造和谐健康的校园氛围,和每一位师大师生一起为建设高水平大学而努力。小葵团队作为小葵形象的执行者,践行其精神义不容辞。

众所周知,作为新媒体的创作者,从策划、编辑到发布要紧跟当下潮流,要时刻揣着精益求精的精神进行创作;而且学生本身课业压力较大,所以要做好新媒体工作的压力有多大可想而知。经过长期的观察,小葵团队的责任心主要表现在以下三个方面:一是始终坚持"福建师范大学青年的小伙伴"的定位,同学们有所望,小葵团队就要有所向,要一贯坚持为同学服务的决心;二是小葵团队在关键时刻,总能有学校大局观念,能吃苦耐劳、经常熬夜班,只为了能更好地完成工作任务,也就是"团有所指,小葵团队就有所动";三是小葵团队的每个成员都有着强烈的团队归属感,能做到忠诚于团队,以敬业的精神共同将学校团学工作一步一步推向新的巅峰。

---

① 彭训文:《公务员应有新媒体素养》,载《人民日报(海外版)》,2016年6月20日,第11版。

二、三大选拔渠道:遴选、推荐、立项

(一)大众遴选网聚人才

福建师大团委在小葵团队组建的过程中,运用了多种选拔方式。其中面向全校同学遴选是最常见的,也是小葵团队力量充实的主要来源。每学年的第二学期初校团委都会以正式发文的形式面向全校同学进行招聘,发布各个部门工作职责和岗位要求,有针对性的招聘刚需人才,同时这也能帮助同学们精准地自我认知和对号入座。

在遴选过程中,校团委始终坚持"只选对,不选错"的原则。用通俗的话语来说,就是在笔试、面试和试用期间,通过专业实践和综合判断该学生是否具有新媒体 DNA,或者是否有较高潜质通过短期培训或者是否能迅速适应岗位所需要的要求、在最快的时间走上工作岗位。在大众遴选过程中,校团委更加注重于从学生的政治素养、专业素养和奉献意识三个维度来考核学生。他们相较于我们下面介绍的两种选拔的学生最大的不同之处在于:他们固然有浓厚的兴趣、有积极参与的意识,但他们的学生干部经历有所欠缺;这也意味着在培养过程中我们不仅要提升他们的专业技能,还需进一步培养他们的学生工作技能,包括工作的态度、做事的能力和学生的综合能力;才能全方位、全过程地服务他们成长成才。

(二)层级推荐优中选优

一个平台的发展最关键在于人才的使用,因为人才资源是社会工作的核心,是保证团学工作发展的最大动力。福建师范大学各级组织对小葵团队的人才推荐真正意义上做到了有才必推,学校也做到了能人必用。各级组织推荐的人才都是优秀的学生干部,首先他们具备了小葵团队的基本要求,了解学生的做事风格和发展情景。这样一方面节约了学校对学生培养的成本;另一方面也为学生提供了更大的展示舞台、助力学生快速成长;可以说从行动上做到了"集中精力办大事",为把小葵做出精品、做出品牌提供了保障。

校团委打造的新媒体矩阵中,为全校有志于尝试新媒体工作的学生

提供了广阔的平台。每学年全校都有 2000 名左右的学生服务在新媒体工作的第一线,或在班级,或在年级,或在学院层面。他们构成了二级学院新媒体工作的中坚力量,也是学校新媒体大力推广的主要力量。他们是学生干部中的佼佼者,都有学生工作经历,熟知新媒体运营模式或者具备卓越的新媒体管理。他们也是能在最短时间融入校级新媒体工作的团体。庞大的矩阵布局,为学校源源不断地输送人才,也为创新新媒体工作队伍补充主力军,有助于我们新媒体工作经验的传承和日新月异的工作挑战打开局面。

(三)灵活立项按需用人

在前面我们已经谈到了小葵团队的辅翼是按需招募团队,这也是小葵团队招募最灵活的用人方式。校团委经常会接到省部级或者学校重要、重大课题项目,这就要求我们要以更加专业的水准、更高的制作水平出精品、出佳作。因此校团委便会以"项目化"的方式网罗人才,将学校最优秀的人才聚集在一起,一起创作出最优秀的作品。以学习承担的教育部思政司的重大委托项目《习近平治国理政新思想新理念新战略》系列动漫开发为例:首先,学校会聘请马克思主义学院的老师担任项目的顾问;而后再召集动漫、美术、软件、党史、文学、文化产业管理等专业的优秀学生承担对口或擅长领域工作,为课题的结项贡献智慧、为我校新媒体品牌工作的塑造奉献青春力量。除此之外,校团委还以"项目化"的运作方式带动社团和实践队伍的发展。比如小葵团队中的"优青"新媒体骨干成员实践队在井冈山实践期间,以《井冈山青少年教育基地十大教学点革命故事的数字动漫设计与开发》为课题,对井冈山十大教学点革命故事进行数字动漫设计与开发。通过实践共计创作出:一个动漫视频《朱毛会师井冈山》;"井冈山来找茬""小鹃表情包"两款线上产品;三款实物展示《朱毛会师井冈山》折页、《葵梦八角楼》及《棉衣浸盐》画册;以不一样的展示方式传播井冈山革命精神,也转化了小葵团队的文创成果。

此外,校团委通过指导理论研究等俱乐部进行创新创意的创作,动员他们积极参与创新创意竞赛,充实小葵文创产品。值得一提的是,在项目化运作的过程中,小葵团队不仅只局限于学生干部队伍,凡是有创造才能的学生都能在这里充分展示自己的才华。

三、三大提升方式:指导、培训、实践

(一)导师指导锻造专业素养

小葵团队能力的提升是促进小葵跟紧时代潮流不断向前发展的不竭动力。从专业性的角度而言,学校依托省内相关高校学科专业、开设网络新媒体与青少年教育研究方向,每年招收研究生、加强网络文化建设人才培养;开辟公选课,吸引全校有兴趣爱好的学生参与到课堂中,针对典型案例进行全方位解读,在老师的指导下全面提升自己技能。从思想性的角度而言,校团委遴选了一大批业务素质强、有奉献意识的从事思想政治教育工作的专业教师和优秀辅导员充当小葵团队的指导老师,从而提升了小葵 IP 的思想性和内涵性,让小葵的形象更具有立体感和可读性。从科研的角度而言,学校鼓励老师将研究课题与学校新媒体和网络思想政治教育相结合,鼓励老师走进小葵工作室、带领学生研究学习,进一步了提升小葵团队的专业素养。

(二)培训交流促成协作共建

建构主义学习理论认为"建构主义学习理论是行为主义发展到认知主义以后的进一步发展"。该理论认为人们通过个人的经历和图式不断地建构个体对世界的认识,强调培养受训者在真实的情景中进行问题的解决。"学习是获取知识的过程,是受训者在一定的情景即社会文化背景下,借助其他人(包括教师和学习伙伴)的帮助,利用必要的学习资料,通过意义建构的方式而获得的"。[①]

为提升小葵团队的业务素养,学校与新浪微博签订战略合作协议,共建全国高校第一个以提升高校团干部、大学辅导员、中小学教师和大学生

---

① 卿涛、罗键:《人力资源管理概论(第 2 版)》,北京交通大学出版社 2015 年版,第 187页。

媒介素养及新媒体应用能力为目标的新媒体培训基地。在优质课程在线教育、青年群体媒介素养培养、移动校园技术研发、名师微博入驻、科研项目产学研一体化合作等方面，开展了一系列有利于双方整合资源、协同创新、优势互补、共同发展的合作共建。

　　为了给小葵团队培养和选拔优秀人才，校团委主办新媒体人才培训班，为学生个性化定制包括《创意摄影技巧和后期基础剪辑培训》《选题头脑风暴及微信排版技能培训》《动漫脚本的生产车间链》及《Photoshop核心应用修炼》在内的诸多课程，还围绕新媒体通识理论、文案创作、品牌推广等个性化定制课程以及新媒体实践开展形式多样的课程。更重要的是，校团委将新媒体人才班纳入到学校公选课体系，学员参与理论课程学习、完成实践课程，即可获得 2 个学分，此举极大地提升了学生的参与的动力。

　　此外，团委先后举办了"微博管理人员培训班""五微五阵地业务培训会"等，邀请《中国青年报》《中国教育报》等传媒界、法律界专家学者，以及福州政务微博管理团队、新浪微博技术部等"微博达人"围绕微博语言的使用技巧、微博技术应用与突破、微博事件的公关与应对等开展专题培训，有效地提高管理人员的综合素质和业务能力。例如，在面对 H5 人才的匮乏，校团委花费大量的人力、物力和财力将学生送到相关单位进行培训，从而提高学生技术的运用能力。

　　此外，团委还十分注重开展校外交流活动，组织小葵团队走出校门，先后与欧洲、上海、北京等在新媒体领域运用较好的国际公司和知名高校开展交流学习、工作研讨，助力管理人员开拓视野、增长见识，切实打造出一支高水平的微博管理团队，并在全国高校微博圈、省内官方微博圈内产生了一定的影响力。

　　面对新趋势，学校新媒体培训基地致力于通过知识传授、系统训练和案例研究等形式帮助学校新媒体管理者、团学干部、教师、学生更好地认识媒体，增强表达能力、主动沟通的意识，提升信息获取和识别能力。

（三）实践育人秉持知行合一

实践提升是指对小葵团队在实践中形成的关于新媒体思想政治教育理论体系的认识进行提炼升华,不断提升团队创作水平,不断促进新媒体思想政治教育理论外延的丰富与发展。校团委在小葵能力的提升中注重"在实践中育人",将小葵的工作与寒暑假社会实践相结合。2014 年 7 月,我校与井冈山全国青少年团史教育基地合作开发《棉衣浸盐》《会师井冈》《葵梦八角楼》等青少年革命传统教育系列漫画,并获得 2014 年"井冈情·中国梦"全国大学生暑期社会实践季专项行动"优秀课题成果"奖(全国共 20 名)。2016 年 3 月,通过在井冈山进行的社会调查和考察,创作"井冈山十大教学点革命故事的数字动漫设计与开发",获得 2015 年"井冈山·中国梦"全国大学生暑期实践季专项行动优秀课题成果。同时,校团委还多次组织学生前往全国各地各高校学习考察,如:每年参加优秀青年成长计划北京素拓、上海素拓、井冈山社会实践等。在实践中,小葵团队对新媒体的使用和创作有了更深层次的了解,对新媒体时代下中国好故事、中国好声音、中国好形象有了进一步的感悟。通过实践提升大学生的思想政治教育,是新时代的新课题,也是学校团委在实践中育人的典型做法和有效载体。

四、三大激励措施:资金、项目、政策

（一）激励原则

为了能让小葵团队保持强大的战斗力,学校出台了一系列激励措施,这些措施的制定最主要遵循以下三个原则:

第一,以人才培养为中心。高校的首要职责在于教书育人,在于培养学生成长成才,学校的各项工作都是围绕该中心而展开,其中小葵团队的打造也是不能偏离其中的。小葵团队在参与小葵产品的创作过程中,也是思想受到教育的过程。只有超然的思想才能赋予小葵思想政治教育的内涵,只有对学生思想政治教育有深入研究的队伍,才能承担起引领学生思想发展的重任。小葵团队在接受思想教育中先试先行,将社会主义核

心价值观等主流思想内化于心、外化于形,创作出一大批优秀的产品,以强势的姿态引领我校学生向上向善。

第二,以全面发展为目的。在小葵团队的人员管理中,学校激励他们全面发展,并为他们提供多个锻炼平台,以增强他们的综合素养:包括学生的组织管理、表达交流、创作实践等。小葵团队的创作作为课堂教学的延伸,不仅从理论和经验上指导活动的开展;还将"理论与实践相结合"的育人要求有机统一;同时打造了新时代的"第三课堂",为学生提供了专业锤炼的平台。同时,在激励措施的指向中涉及多方面,希望同学们能朝着多方向发展,而不仅仅局限于某一领域。除此之外,在激励的设置中对学生的考评较为看重综合素质考评,各方面的考核比值科学合理。

第三、以公平实用为导向。第一注重公平原则,采用多劳多得的奖励办法,为团队的创作注入了不竭动力。第二注重实用激励的原则,校团委对小葵从岗位提升、学分认证、勤工助学、评优评先单列、成果共享等多方面畅通他们的成长通道,这一些都是学生在发展过程中最需要、最迫切的,也让学生在创作中有"看得见""摸得着"的获得感。

(二)激励措施

小葵团队的激励措施主要有以下三个方面:

第一,资金扶持。一是校团委在小葵团队中设有部分勤工助学岗位,并给予一定的工作劳务补贴。同时,完成指定专项任务,还可获得相应的经费支持。二是设立"创客基金",每学年提供10万元支持互联网创业。三是关注学生创业扶持,工作室会为每一位成员制定个性化的成长通道。比如说工作室《奋斗青春最美丽》系列视频拍摄者杨,在校团委支持下被评为福建省"创业之星"标兵,就相应获得了10万元的创业支持。

第二,项目扶持。一是产品的优先使用权:在工作室,可以将自己所想所爱变为现实,并在第一时间获得小葵系列产品,如小葵笔记本、小葵随身wifi、小葵自拍杆、小葵抱枕等。二是成果共享:成员在小葵工作室开发的相应产品可获得更多的展示机会和平台,会被推送往全国,如《我的青春我的团》。三是校团委根据需要、经各部门同意后设立项目,在学生的综合测评中能给予认可,满足学生发展需求。四是提升自己的创作技能,校团委的新媒体培训班,有直推的名额、外出到动漫公司培训有优先权等。一系列的项目扶持措施,让学生有热情、有动力,使得小葵团队的士气持续高涨。

第三,政策支持。一是评优评先单列,每年单列 50 个名额的优秀共青团干(团员)以及若干名优秀社团干部。二是通过了《福建师范大学团学组织微博暂行管理条例》《福建师范大学团学新媒体轮值及奖励制度》《福建师范大学小葵新媒体工作室工作制度》让小葵团队的激励有章可循。三是网络文明志愿服务纳入志愿服务时长。网络文明志愿者使用在数字化团建系统中备案的账号,每完成 10 条微博(转发和评论上级团组织微博,参与上级团组织发起的微话题、微活动)和转发 3 条上级团组织微信,可换算 1 小时的志愿服务时长,不足量不予认证,每学年最高不超过 40 个小时。四是学校对网络文化建设试点工作予以特殊政策支持,在人才选聘、工作模式、队伍建设、激励机制等方面均给予支持。并在此基础上进一步完善激励评价机制,尝试增加网络文化贡献度指标,研究制定校园网络优质文章优质优酬办法。将优秀网络文章纳入科研成果统计、列为职务(职称)评聘考核体系;将有广泛影响的优秀网络文章列入科研业绩奖励,参照研究咨询报告,给予 0.2－1 万元奖励;对社会反响强烈的网络优秀作品、网络名站名栏实施奖励政策;对在网络文化建设中表现突出的师生个人,每年单列名额进行专项表彰;对建设和发展相对落后的个别校园网站提出限时整改方案,敦促其进行改良和优化。

第三节　价值认同修炼记

一、发挥组织固有优势

中国共产主义青年团是中国共产党领导的先进青年的群众组织,是广大青年在实践中学习共产主义的学校，是中国共产党的助手和后备军。团组织作为一种依托、一种信仰，已深入每一位青年学子的心中。共青团组织架构完整、具有强大的组织优势，能更好地引领青年、联系青年、凝聚青年。

（一）团组织主导正确的思想引领

2016年底，团中央和教育部联合下发《高校共青团改革实施方案》，将思想政治引领列为高校共青团改革的核心任务。这一要求与当下高校全面深化综合改革，提高人才培养质量的"发展进行时"一脉相通。福建师范大学团委响应团中央的要求，对全校共青团员进行了理想信念上的引领。正是有了校团委的高度重视与正确引领，确定了思想路线上的大方向，小葵团队才能将秉承的理想信念逐渐内化为一种价值认同。"福师大小葵"成为传播主流价值的线上"代言人"，致力于打造柔性思想引领方式，实现主流价值的有效传导。

为了活化三大主流思想、传播党的正能量，小葵一直在行动：

一是"创新学"以习近平同志为核心的党中央治国理政新理念新思想新战略。结合"两学一做"学习教育，开发创作《"不忘初心继续前进"的背后深意》《五大发展理念领航中国梦》《习近平的"健康中国"策》等10组动画、漫画作品，阐释新理念新思想新战略的时代背景、重大意义、核心要义、精神实质和科学内涵；梳理十八大以来习近平总书记系列重要讲话及指示，精心制作小巧实用"口袋书"，让主流思想随处可学、学以致用。

二是"深入学"社会主义核心价值观。不断挖掘校园文化、红色文化和优秀传统文化中潜藏的社会主义核心价值观教育题材和内容。创新形式载体，以微电影、漫画、沙画、H5等学生喜闻乐见的形式，开发了《小葵说社会主义核心价值观》《小葵说孝之青年行动准则》《福建红色历史名人》等560余件文创产品，不断将社会主义核心价值观学习教育活动引向深入。

三是"天天学"时政热点和经典理论。团队成员及思政专家在网上经常潜水发声、融入学生朋友圈；开设网络思政专栏，推送"理论热点面对面"等优质内容;面对面传授知识,键对键答疑解惑。成立青年理论研读俱乐部,主动将经典理论学习与新媒体相融合,实现线上线下同步开展"读、诵、研、讲、宣"活动。

(二)团组织具备完善的层级架构

共青团组织经过岁月的洗礼和时代的考验,业已成为一个框架成熟的青年组织。高校团组织秉承其精髓,也具备了完善的层级架构。福建师范大学团委借助现有的校院青年团组织,实现了以微博为典型的新媒体网络"纵向到底横向到边"校院式全覆盖:纵向到底即实现层级的全覆盖,学校、学院、年级、班级、社团五个层级层层有微博;横向到边即实现组织的全覆盖,学校主要职能部门,30个学院团委、学生会,120个年级团总支、学生会,1111个团支部,6大校级学生组织,260个学生社团均开通微博。目前,学校已建立了由1600多个微博构成的多层级、全方位的信息共享、各具特色、优势互补的组织体系,使微博覆盖到全体学生、所有团学工作,形成整体的规模效应和影响力。借助现有的青年团组织,层层铺设微博体系,可谓借力发力,使微博体系依靠团组织完善的层级架构实现了迅速全面覆盖。

(三)团组织具有强大的执行能力

以小葵团队打造的@福建师范大学团委微博为中心,下设学院、学生组织等各层级的微博分支。以整个微博体系为例,福建师范大学团委为何能在宣传工作方面有超强的执行能力、做出突出的成绩,究其原因主要有以下几点。

学校高度重视微博应用和组织体系的管理,努力在抓好队伍、制度、保障等三个方面狠下功夫,切实保障微博体系的有效运行。

首先,努力在抓好队伍建设上下功夫。一是注重微博管理人员的选拔。综合运用笔试、面试、评估考核等选拔方式,把一批政治素质过硬、运用能力强、应急反应快、奉献意识好的政工干部、学生干部、社团精英充实到管理队伍中,为微博体系的运行提供充足的人员保证。二是强化业务培训。先后举办"微博管理人员培训班""五微五阵地业务培训会"等,邀请《中国青年报》《中国教育报》等传播界、法律界专家学者,以及福州政务微博管理团队、新浪微博技术部等"微博达人"围绕微博语言的使用技巧、微博技术应用与突破、微博事件的公关与应对等开展专题培训,有效提高管理人员的综合素质和业务能力。三是注重校外交流。组织微博管理团队走出校门,先后与福州市公安局、兄弟高校等微博管理团队开展交流学习、工作研讨;推动管理人员主动开拓视野、增长见识,切实打造出一支高水平的微博管理团队;并在全国高校微博圈、省内官方微博圈内产生了一定的影响力。

其次,努力在抓好制度建设上下功夫。学校出台《福建师范大学微博管理条例》,明确了团学组织微博的准入条件,建立和完善了专人专管、分级负责的责任机制,做到责任到人、权责明确;建立了信息发布机制,使微博成为传播积极健康向上信息和文明理性表达意见的新平台;建立了督办人员——值班部长——值班主席团成员——机关部处对接顾问的问题接收、处置机制,及时倾听同学心声,帮助解决实际困难;建立发现——上报——解决——反馈的内部问题解决机制以及信息监督和网络舆情监测等机制,把牢舆论方向,消除网络安全隐患,从而形成各级、各层面微博定位精准、各司其职的良好局面,有力推动了微博体系健康有序发展。

最后,努力在抓好组织保障上下功夫。一是成立由校领导、主要职能部门负责人组成的"福建师范大学微博管理中心",为微博体系提供坚强的组织保障;二是学校每年拨付专项经费,为微博体系运行提供经费保障;三是邀请新浪福建市场总监、技术专家等担任业务指导员,为微博体系运行提供技术保障;四是在学生宿舍核心区为微博管理服务中心提供固定办公场所,配备电脑、相机、无线上网卡等设备,为微博体系提供后勤保障。

二、依靠学生青春活力

共青团作为青年的群众组织,拥有一支年纪轻、素质高、能力强、干劲足的队伍,具有较强的凝聚力和战斗力。小葵团队正是这样一支年轻、强大、积极、活跃的超强战队。由于团组织的宣传受众大部分为青年,大部分成员同为青年的小葵团队更懂得也更能"抓住"粉丝受众的心思,小葵团队实现了对青年的充分依靠。

(一)凝聚青年向上向善力量

2015 年,第一届全国青年运动会在福州举行,运动健儿们在赛场挥洒汗水,最美志愿者们在幕后无私奉献。小葵团队推出"小葵服务在青运""青春青运"等一系列话题微博,向大家科普有关青运会知识的同时,还充分地展现出福建师大运动员们与志愿者们青春向上的精神风貌,引得大量微博用户纷纷点赞转载。

青年人中还普遍具有较强的社会责任感,自然而然地饱含着"以天下为己任"的激情。这种"热血青年"的心理特征,正是我们需要正视并学会如何因势利导的重要方面。在认识到这一青年心理特征后,小葵团队继而有意识地加强了这方面的宣传内容。2016 年 7 月,小葵团队紧跟南海仲裁案这一时政热点,推送一系列报道、漫画等响应大家的爱国情怀。同时,小葵团队注意突出了与励志正能量相关的内容,如:2016 年 11月,推出"我欠抗台风英雄一个赞"系列内容,宣传为救村民而壮烈牺牲的周炳耀同志的先进事迹。

小葵团队中有这样一群青年人,"心中有阳光,脚下有力量"。策划推送的正能量满满的内容让广大青年粉丝能够在追求自身理想道德的完善过程中,逐渐培养起一种关心国家前途命运的远大胸怀以及富有正义感的热血情怀。而这,正是小葵团队宣传工作中非常可喜的收获。

(二)汇集青年敢想敢做创意

随着信息时代的高速发展,新媒体的传播速度非常快,更新换代也快,一个个热点带有很强的时效性。青年人年轻有活力,与新媒体的气质契合,他们对新媒体认可度较高。青年人思维活跃,能紧跟时代脉搏,有很强的创新意识。2017 年播出的电视剧《人民的名义》掀起全民追剧的热潮,而小葵团队紧抓这个热点,"大开脑洞",由"反贪"想到"反瘫",在电视剧大结局后，及时推出"小葵反瘫行动"：设置趣味的活动与精美的奖品，呼吁大家拒绝"宿舍瘫"，鼓励大家多多运动。原本是普通的活动，但如果加上时事热点的强劲助力，就能达到意想不到的宣传效果。

新媒体的出现让人类进入视觉文化时代，影像化、符号化的感性传播方式让价值理念、行为规则和理想目标更能得到理解和认同。因此，主流意识必须实现文字内容视觉化、理性概念感性化的转变。青年人年轻有活力，敢于也易于接触新鲜事物，挑战新鲜事物。视频拍摄、音频剪辑、图片处理、VR 技术等，从当初流行时的新鲜到逐渐变得稀松平常。这一点恰好与青年人较强的学习能力相对应，进而鞭策青年们不断更新自己的知识技能储备。

三、谨循团队精神引领

优秀团队靠的是优秀文化的引导，优秀团队文化的创建靠的是核心理念的影响。总体而言，影响优秀团队文化建设核心理念的四大要素是：确立先进的理念；建立健全完善的制度体系；提高领导者的自身素质；长期坚持，形成风气。

（一）独创体系，垒好基础

新媒体时代下的网络思想政治教育，单凭个人的力量是远远不够的，必须要把更多的党员、团员发动起来，充分发挥好团委和党支部的战斗堡垒作用。于是，校团委负责人陈志勇老师带领支部成员各方调研，向学校党委提出在校团委党支部试水"五微五阵地"网络育人的工作设想。

2011 年下半年，一个覆盖学校职能部门、校级学生组织、学院团委学生会、年级团总支学生会、团支部、学生社团，校园官方信息扁平化传递的"五微五阵地"微博体系逐步成型。

（二）价值输出，内容为王

搭好平台，接下来最重要的就是内容建设了。如何让青年人喜欢看、愿意看，用什么方式可以赢得大家的共鸣呢？陈志勇老师和支部成员经过 180 个日夜的研创，想到了卡通形象代替"老师说"的形式，于是"福师大小葵"诞生了。小葵目前作为学校的卡通形象代言人,经过4年的发展取得了青年学生们的广泛喜爱。

2014年,我们尝试用漫画的形式推出《小葵寻徽记》《团歌奇遇记》等入团小故事,经团中央官微发布后,单条阅读量突破5000万,转发评论量突破10万。试水的成功,让我们深深地感受到"内容为王,技术为用"的重要性,青年人不是不爱看党团故事,而是讲故事的方式不对。怎么样让思想引领入脑入心呢?创新是最重要的,让青年学生看着有意思、读得有感觉、听得有兴趣,这样他们自然就和我们"站在一起"了。因此,以"小葵说"为统领,陈志勇老师带着支部成员先后开发了传统文化、荣校爱校、青春励志等8大系列540余件校园网络文化产品。近期小葵团队推出的《"两学一做"学习教育的正确打开方式》,已向全省近7000个高校党支部发放,让青年党员们用最轻松有趣的方式了解、学习和自发贯彻"两学一做"学习教育。作品更经中组部共产党员微信公众号转载,阅读量达100000多次。学生喜欢了,教育的目的自然也就达到了。

福师大小葵微博、微信常年位居全国高校共青团系统前列。以卡通形象"小葵"为价值输出、以"五微五阵地"为技术平台开展的网络思想政治教育工作,也引起各级各类单位的关注。120多所高校、15家企事业单位来校交流经验。陈志勇老师也常应邀在全国性会议上作经验介绍,为40个国家政府官员考察团做汇报。团中央书记处第一书记秦宜智也来我校考察网络新媒体工作。

(三)日积月累,坚持不懈

做一件事容易,但经年累月长期坚持下去把事情做好、甚至做到极致并不容易。一开始做新媒体工作的时候,我们并没有什么基础,就是靠着每个成员的坚持、靠着一份对学生负责的信念,以及对教育的热爱和责任坚持不懈地向走前。现在我们的电脑硬盘里有海量素材,支部成员已经习惯了每周"火星撞地球式"的头脑风暴。每天依然坚持着不错过任何一条学生的求助,坚持每一个选题都要反复推敲,每一条微博、微信的发出都想着我们的观众。我们不是聪明的团队,但我们一定是最勤奋的团队。

由于在网络新媒体领域取得的一系列突出成绩,支部先后被授予教育部高校网络文化建设试点单位、团中央首个网络新媒体转型创新试点单位、福建省青少年网络新媒体研究中心、福建高校网络文化发展研究中心,成为全国高校加强大学生思想引领的标杆模式。2015 年,支部所成立的"小葵新媒体工作室"获评"福建省青年五四奖章集体标兵"。

四、追随领路人方向牵引

毛泽东同志在《关于领导方法的若干问题》中指出:"如果只有广大群众的积极性,而无有力的领导骨干去恰当的组织群众的积极性,则群众的积极性既不可能持久,也不可能走向正确的方向和提到高级的程度。"这里,毛泽东同志所说的"有力的领导骨干"也就是我们本节所说的"领路人",所谓的领路人,是以启迪者、先锋者的姿态引导团队快速成长的领导人。在小葵团队的发展过程中:指导老师是第一领路人;任主要职位的学生干部是第二级领路人,是指导老师的"左膀右臂"与得力助手。领路人的牵引作用至关重要,他们在团队的协调和发展过程中充分发挥自己精湛的业务水平、人格魅力,成为其他成员可以借鉴和学习的榜样。

(一)永不离线的青年领路人

当今大学生思想活跃、思维敏捷,呈现出多元化、易变性的特点,这无疑给学生工作带来了新的挑战。学生们享受互联网带来的便捷,也沉溺在光怪陆离的虚拟世界中。因此,占领网上阵地,引导学生树立正确的世界观、人生观和价值观,就显得迫切而重要。"青年在哪里,党团的阵地就要在哪里",陈志勇老师作为小葵工作室的指导老师,是第一领路人,一直从事着青年学生思想引领工作,身体力行投入到新媒体的实践。

2011 年,微博呈现出迅猛发展的势头,成为中国最火的社交平台。陈志勇老师率先注册个人实名微博,开始了学生思想线上引导的尝试。起初的博文"无人问津",陈志勇老师将其经验总结为"要想在微博上有所作为,就得放下身段,融入其中"。他关注热门话题,学年轻人说话;组建核心团队,有组织、有策划地在网上联动发声。现今已成为拥有 20 几万粉丝的微博大"V"。陈志勇老师作为"永不离线的青年领路人",一直在实践探索容易被青年人接受的、幽默有趣、不浮夸、接地气的宣传方式。用情怀、用精炼的文字,通过微博这一流行平台,将真性情和正能量一起传递给他人。陈志勇老师被授予 2013 年新浪中国教育盛典"致敬导师奖",颁奖词是"用生命在写微博"。对于新媒体工作,陈志勇老师说他自己"也确实是蛮拼的,这些年,我的视力急剧下降,从 2009 年的 5.2 到今天的 4.0"。

　　网络时代碎片化的快餐阅读,除了有意思,怎么才能更有意义呢? 一条微博,140 个字是远远不够的。陈志勇老师开始梳理学生的一些私信内容,形成微博话题,如"给新生的 25 条建议""学生干部的卓越领导力""学生组织靠什么吸引人"等;为了鼓励更多的学生参与到党团班组织建设,将党课开到网上,开设了慕课《网络新媒体背景下高校党团班组织建设与作用发挥》。陈志勇老师一步步将这些实际工作中的经验整理汇总,开始申报课题、发表论文,最后整理出版了《新媒体时代大学生思想政治教育》《高校共青团工作破局说》《引向优秀》等共计 7 本专著,其中两本获得"全国学校共青团优秀成果特等奖"。这些作品来源于实践,又指导于实践。2015 年,陈志勇老师成功入选 2015 年教育部"思想政治教育中青年杰出人才支持计划"。

　　"过不了网络关就过不了时代关",永不离线就是网络新媒体工作的常态。陈志勇老师所做的一切就是想让青年学生明白:不管社会如何变化,始终不变的是心中的信念,以及脚下的土地。

　　(二)永不懈怠的学生领路人

　　1. 思想的先锋

　　通过挖掘,校团委选拔出任主要职务的学生干部作为指导老师的得力助手,担当学生中的领路人。第一,领路人有清晰的法纪道德底线。他们熟知学校的各项规章制度,是工作室制度制定和修订的主要参与者,而且有强烈的遵纪意识、优良的道德风尚,在团队中能被同学们当作"一面镜子"以看齐检阅自己,从而团队中营造出向上的风貌。第二,领路人是处理团队矛盾的协调者。作为小葵团队的领路人,在长期的学生工作上历练出卓越的人格魅力,在能力、情绪、需要、动机、兴趣、态度、价值观、气质、性格和体制上都有较之于其他成员更成熟的表现,而且在团队中有着超然的影响力,能让同学们信服和学习。党团队在工作或者人际关系上出现矛盾时,他们总能从中协调,维护团队团结。第三,领路人具有高度的政治觉悟。一方面利用自己的政治修养帮助指导老师做好学生的思想政治教育工作,另一方面能敏锐地捕捉党的宣传需求和当下热点、创作出一批好的作品,适时推出并赢得阅读者的认可。第四,领路人是指导老师和团队的沟通桥梁。团队领路人是团队老师的最得力助手,能熟知学生的思想状态并积极告知指导老师,让指导老师能有针对性、及时性地解决团队存在的各类问题。此外,小葵团队的学生领路人还能坚决和有效的执行指导老师和团队的工作任务,在碰到困难时能有艺术性的处理。

2. 学习的楷模

在小葵团队的领导人选拔中,校团委会综合考虑学生的学习成绩和个人业务素质、技能水平等方面的表现,其中"获得过校级以上奖学金"是一个重要的考察指标。一是要求学生拥有良好的学习表现和优秀的学习成绩。学生在校的最主要任务就是学习,只有学习成绩好,综合表现优秀,才是一名优秀的学生,才能在团队当中起到标杆作用。在工作室中,领路人能根据自己学习经验提升团队的整体学习成绩,也能在小葵工作室砥砺出优良的学风,将小葵团队打造成一支学习型、研究型的团队,让同学们学习工作两不误。二是要求学生具备精湛的业务技能。在小葵产品的制造过程中,校团委要求团队要融创新性、思想性、知识性、趣味性于一体,这就意味着领导人在产品的内涵、细节等方面要有较高的定位,只有精湛的业务技能,才能了解小葵产品蕴藏的意义;只有精湛的业务技能,才能解决产品设计中遇到的难点;只有精湛的业务技能,善于发现产品设计时细节的缺陷,通过修正日臻完美。

3. 工作的典范

小葵的领路人堪称工作的典范,他们的身上具备了高于常人的认识能力、语言表达能力、组织协调能力、管理能力、社交能力、学习能力、创新能力。一是在工作中表现出对工作的责任感。小葵每天都有工作常规的工作指标,在特殊的时间里如党的代表会议、两会、传统节日、校庆,或者重要的国家方针、学习精神等大型项目。这些都需依靠小葵团队利用契机做好全方位的宣传和输出 IP 产品,保证学生的思想政治教育工作可物化。这无疑加重了小葵工作的压力,学生任务重、时间紧、强度大,只有怀着对小葵的真切热爱以及对团学工作的强烈责任心才能如期完成任务。二是在工作中表现出对完美的追求。可以说,小葵工作室聚集了全校各个专业最优秀的学生。他们组成了全校最优秀的学生工作团队,全校师生对他们有更多、更高的期待。小葵领路人作为团队的领导者,具有较强的政治意识、大局意识、核心意识、看齐意识,通过大脑风暴、虚心请教等方式,大胆创造几易其稿,精益求精,最终创造出一批批精品。

五、各个阶段目标的激励

在现代管理科学中,目标管理是其重要的研究对象之一。管理专家彼得·德鲁克于 1954 年在其名著《管理的实践》中提出:目标管理是以目标为导向、以人作为中心、以成果为标准,而使组织和个人取得最佳业绩的现代管理方法。只有明确地追求目标,整个团队才有明确的发展方向,团队实践才有行动依据,团队成员在创造的过程中才有追求的动力。

从近况而言,小葵团队每月每学期都会制定工作小目标,有明确的工作任务,如产品开发的每月任务、微信运营中粉丝数的突破目标等。从长远来看,小葵团队每两年会有一个中期目标,每五年会有一个长远规划。制定的中期目标有确定工作室的大格局,并用两年的时间让小葵流行化、普及化、走进同学们的心里等。小葵的长远目标则是打造共青团第一网络品牌,让小葵不仅是福建师范大学共青团的卡通形象,更能成为全国共青团第一的卡通形象品牌。此外,小葵工作室一直坚持的长期目标、终级目标是"运用青年学生喜闻乐见的方式，坚持思想引领，宣传党团好故事，传播向上向善正能量"。

　　每个小目标和中期目标都是长远规划的阶段性目标，是小葵团队长远工作目标的阶段性分解。三者的有机统一，使得小葵团队在近阶段有可实现的物化，又有长远的憧憬，如此学生就有毅力和底气在更高目标的探索追求过程中孜孜不倦、锲而不舍。自 2011 年以来，校团委在新媒体发展方面制定出科学的发展目标，在全校打开新媒体运用新局面：

　　一是实现新媒体网络"纵向到底横向到边"的校院式全覆盖。"纵向到底"指的是实现层级的全覆盖，即学校、学院、年级、班级、社团五个层级层层有微博。"横向到边"指的是实现组织的全覆盖，即学校主要职能部门，30 个学院团委、学生会，120 个年级团总支、学生会，1111 个团支部，6 大校级学生组织，260 个学生社团均开通微博。实现了对青年学生成长成才更好地服务，想学生之所想、急学生之所急，把"为学生解决最关心、最直接、最现实的问题"作为工作的出发点和落脚点，努力成为学生思想上的"知情人"、心灵上的"知心人"、生活中的"贴心人"。团学组织微博强大的互动性功能和即时性特点，成为及时了解学生思想动态，有效开展正面思想引领的新阵地；团学组织微博帮助同学解决实际困难，反映同学心声，维护好同学权益，成为服务青年成长成才的新阵地；团学组织微博使得各级团学组织延伸工作触角，与青年学生"面对面"交流，让健康向上的声音引领校园舆论，使微博成为答疑解惑的新阵地。

　　二是用两年时间在全省做出特色。比如，以"小葵说"为统领开发学生喜闻乐见的网络文化产品，力争总量超过 300 件；陆续推出 15 幅《小葵入团记》系列漫画、拍摄"奋斗的青春最美丽"系列视频、抓好校园 APP 开发等。我校的新媒体工作得到了福建省领导的重视和批示，在全省范围内进行经验推广，《中国青年报》《福建日报》《中国教育报》《中青在线》等知名媒体网站在重要位置大篇幅进行了报道。

　　三是用五年的时间将小葵介绍给全国团组织，扩大经验输出范围。在 2013 年以前，我校小葵团队前往中山大学、山东大学等"985、211"重点高校开展过"福建师范大学网络新媒体转型创新工作汇报""新媒体时代的思想引领工作艺术"等讲座 20 余场次。2014 年,新浪官方公布了"全国十大高校团委微博排行榜"@ 福建师范大学团委微博就位列第一,成为全国首个"高校新媒体转型创新试点单位",得到李源潮副主席、团中央书记处书记罗梅、傅振邦等领导现场考察。2015 年,我校校团委书记陈志勇副教授先后为南美洲、非洲 12 个国家的党政官员讲授《新媒体传递政党政治主张的理论与实践》专题讲座(12 个国家包括苏里南人民共和国、阿尔及利亚、突尼斯、刚果共和国、马达加斯加、科摩罗、摩洛哥、塞内加尔、乍得、科特迪瓦、贝宁等)。

　　一步步的探索,一个个小目标的达成,一个个大目标的激励,小葵工作室已锻炼出一个"经得住考验、接得了挑战"的超强战队;打造出全国共青团第一的卡通形象品牌;一直坚持着思想引领,坚持着大方向的把握。学校新媒体工作取得了突破性的进展,是小葵团队所有成员个体奋斗目标的实现,同时也是成员们自身成长的呈现。在更高目标追求的路上,他们磨炼了意志、检验了技能、提升了综合能力。

结　语

近年来,高校共青团学校战线充分认识网络新媒体给高校共青团工作带来的新机遇,把握住高校共青团网络新媒体工作的特点和规律,主动拥抱互联网大数据时代,推动了学校共青团事业的全局性、系统性网络新媒体战略转型,在高校思想政治教育和校园文化建设中发挥着巨大作用。

"五微五阵地"工作的立基之本

在网络新媒体工作上,全国高校共青团积极实践创新,探索出了一些符合学校共青团工作的创新做法,形成了一系列工作的典型做法。福建师范大学团委的网络新媒体工作就是其中涌现出来的一个典型做法和工作品牌,具有广泛的知晓度和影响力。本书的前面章节已经对福建师范大学网络新媒体工作的各个主要做法做了详细的介绍。概括起来,以下"五个一"是工作模式的"立基之本"。

一是构筑了科学布局的一个网络矩阵,奠定工作的良好基础。福建师范大学网络新媒体工作之所以能够常做常新,得益于在 2011 年顶层设计"五微五阵地"工作时,充分将高校共青团的工作格局与责任担当有效融合。尤其是在构建微博工作矩阵时,按照"纵向到底、横向到边"的布局和设计,实现团学组织的全覆盖。即:学校、学院、年级、班级、社团五个层级层层有微博,构建起相互捆绑、信息共享、各具特色、优势互补的微博体系。往后,由微博到微信,再到之后的 QQ 空间、直播平台、青年之声平台等,即便新媒体的媒介和流行应用在发展变化,但是构建矩阵模式之上的网络化、矩阵式的微博体系和信息化工作机制一直有效延续,保证了全校新媒体工作体系能实现科学的、整体的联动,保持新媒体工作的活力。

二是打造了"福师大小葵"这个品牌形象,开拓工作的整体格局。当前,"福师大小葵"形象已成为福建师范大学的校园明星、网络形象、工作代言。小葵形象最早在网络平台上,应用同学们喜于应用的语言、喜闻乐见的形式、活泼有爱的风格代表"共青团"发声。随后,一系列以"福师大小葵"为主角,集思想性、教育性、传播性为一体的微电影、漫画、沙画、古风绘本、Flash、H5 等网络思想政治教育产品,不断产出,这些工作使新媒体工作变得更加有趣多元、生动活泼,更加贴近青年。同时,大量原创的文创作品既有立足校园的,又有不少是学校团委与政府部门、企事业单位、社会公益组织等合作的作品,使学校网络新媒体工作不再仅局限于维护平台,更有工作形象的打造与维护;不再仅局限于学校的工作,更是辐射到校外,影响社会的格局打破。

三是探索了双线联动的一种工作范式,提升工作的作为空间。2014年初,校团委在着力打造"福师大小葵"形象的时期,对新媒体工作进行了有效整合,全面提升,提出了打造"小葵 + 思想引领、创新创业、失物招领、学霸养成、文艺修身、运动健身、提案落实、志愿公益"的八大行动,促使工作真正实现网上网下互为融合、互相促进、互动并进的格局;并且在工作方式上继续不断创新形式与内容,真正实现了"三贴近",即使网络新媒体工作贴近青年学生、贴近校园生活、贴近服务发展。其中,最重要的工作理念有三点:一是真正将新媒体的工作与高校共青团主要工作职责进行了结合与联动;二是通过网络新媒体工作使高校的第一课堂教学与第二课堂有效衔接;三是引导青年学生应用新媒体能够参与到学校的民主建设、校园精神文明建设等方面,真正提升了共青团在网络新媒体工作的作为空间,将工作总体进一步融入到大思政的格局,实现了相互支持,互为反哺。

四是探寻了一条特色鲜明的文创之路,凸显工作的时代特征。当前,文化创意成为一种新时尚和方向标。福建师范大学在成功打造"福师大小葵"品牌之后,也顺应时代发展潮流与现实工作所需,探寻出一种"跨界"文创教育新模式。

一是围绕思想引领做文创。先后推出了"小葵说经典""小葵说社会主义核心价值观""小葵说中国传统文化""小葵说爱校荣校"和"小葵说革命传统故事"等 8 大系列,共 560 余件集思想性、教育性、传播性为一体的网络思想政治教育产品,把有意义的事情变得有意思,使学生更加乐于接受主流思想。二是结合青年喜爱喜好做文创。近年来,先后推出了小葵系列的笔记本、鼠标、自拍杆、水杯、雨伞、抱枕等一系列大学生喜欢,满足大学学习生活所需的文创产品,让"小葵"形象更加深入师生当中,让主流价值观的倡导随处可见。三是突破网络教育界限做文创。2015 年底起,福建师范大学小葵馆开始筹建,并与 2016 年 8 月正式开馆。这是一个对"五微五阵地"工作以及"福师大小葵"文创系列产品进行集中展示的场馆,通过展示与讲解,让工作中很多举措的目的、文创产品中蕴含的意义进一步彰显出来;让更多原本只在网络上传播的文创产品更容易、更直接、更感官的让人可亲可近、可触可感。当前,"小葵馆"已成为福建师范大学的文化教育基地,一个工作特色的展示场所。自开馆以来,接受各级领导、团体组织、兄弟院校以及校内青年师生参观达上千次。

四是组建了一支精明强干的工作队伍,保障工作的得力运转。福建师范大学团委新媒体工作的团队工作精进、运转高效,其做法的得力之处在于:一是团队的定位精准。小葵新媒体工作室的定位为校团委主管和指导下的一个校级学生组织,既明确工作的重要地位,又提升参与工作的组织身份。参与工作的教师队伍广泛,既有学校领导、党政干部、共青团干部的加入,又聘请思想政治教育工作者、教学名师、理论名家以及辅导员加入,真正把思想政治教育、服务成长成才延伸至网络。二是团队的建制科学。小葵新媒体工作室下设平台运营、技术支持、文创开发培训保障、国际拓展等部门。最重要是将团属新媒体平台有效聚拢,既能单兵作战,各具特色;又能形成合力,统一运作。三是团队的激励机制。小葵团队的"导师制",让下设部门都有老师参与工作的全过程指导,亲力亲为,共同提升。小葵新媒体人才培养班等定期的培训,保障了工作人员的能力与技能更新。参与工作的学分认定、能力提升计划等大大提升了团队的积极性,保障了团队的创新力。四是核心团队的砥砺奋进。在整个工作中,小葵团队始终坚定信仰,担当责任;达成共识、形成合力;善于学习、勤于思考;克服困难、创造条件;笃定"敢拼会赢"的信念,推动网络新媒体一项项工作的落实,一个个文创的产出,一场场活动的开展,才有当前一声声工作的肯定与赞许。

"五微五阵地"工作的取胜之匙

近年来,福建师范大学校团委的网络新媒体工作的影响力不断提升与扩大,得到了中央以及福建省委领导的批示肯定。

总结工作,梳理经验,究其工作能够保持常做常新、不断突破,归纳起来有以下五个核心的"取胜之匙"。

一是在工作上围绕中心不偏离。"五微五阵地"中在目标设定与开展之初,就定位为要将网络新媒体建设成青年学生思想引领、成长服务、组织动员、答疑解惑、工作创新的新阵地。以及"福师大小葵"形象的设计,"阳光""青春""正能量",既是卡通形象的寓意,也代表着工作的方向。这样的目标设定,都是紧紧围绕高校共青团的三个中心工作来设定的。第一,高校思想政治教育工作的中心环节"立德树人";第二,共青团工作的中心职能"组织青年、引导青年、服务青年、维护青少年合法权益";第三,福建师范大学的中心任务"人才培养、繁荣文化、推进民主、服务社会"等紧密结合、有机融合。以此为工作的核心意识,福建师范大学团委多年来始终把新媒体作为传播知识、传播正能量的重要载体,推动大学生网络思想政治教育的内容、载体、形式创新;始终坚持在工作中讲好中国共产党治国理政的故事、讲好中华民族伟大复兴中国梦的故事、讲好福建师范大学百年历史以及现代奋进的故事,引导师生做社会主义核心价值观的坚定信仰者、积极传播者和模范践行者;始终坚持把实现好、维护好、发展好最广大师生的根本利益作为出发点和落脚点,用师生喜闻乐见的语言、易于接受的方式反映师生诉求、宣传校园典型、营造正气新风。

二是在工作时机上的步步为营。2010 年前后,当微博在高校中方兴未艾的时候,学校团委就开始关注,认真分析,认为只有及早介入、积极作为,才能把握工作的主动。2011 年初,"五微五阵地"开始正式试水探索。自此,福建师范大学共青团的新媒体工作从平台建设、组建队伍、形象设计、文化打造等的每个阶段工作上呈现出"人无我有,人有我优,人优我特,人特我专,人专我转"的领航趋势。另一个重要的先机是2014 年 1 月,全国高校共青团网络新媒体工作研讨推进会在福建师范大学召开,让"五微五阵地"真正"走出校门,走向全国",极大扩大了学校网络新媒体工作,尤其"福师大小葵"的知名度和影响力。在会上我校成为团中央首个网络新媒体转型创新试点单位,为日后成为教育部高校网络文化建设试点单位、团中央全国高校共青团新媒体运营中心综合类工作室、福建高校网络文化发展研究中心等奠定基础。在此平台上,成为全国高校加强大学生思想引领的标杆模式,是全国高校网络文化第一品牌。

三是紧紧跟住工作的发展规律。回顾与探究"五微五阵地"工作的脉络,一个规律性的做法贯彻始终:一是紧跟网络新媒体的传播规律,在技术平台上及时跟进,进而推出高质量的网文,打造小葵品牌形象以及文创作品,实现"技术为用,内容为王",提升平台吸引力与粘性。二是紧跟住大学生成长的需求规律。青年学生在"玩"什么、"哈"什么、"潮"什么,从微博到微信,再到直播平台等,我们就去主动了解它,研究它,占据它。三是紧跟住大学生思想政治教育工作的变化规律。从最开始的用内容影响大学生,到用文化引领大学生,再到从新媒体繁杂的内容中去把握规律,发现问题,提供舆情服务、做出工作预判等,每一阶段新的工作变化与需求就是我们工作的新方向。概括起来说,就是紧跟住"互联网+"的发展规律,主动把握态势、整合平台、创新技术、提升效应,又善于借助好新媒体等平台的传播优势,把握技术迭代背后的大众传播规律提升互动内涵,打造刚性服务和人文关怀兼有、主流价值和话语魅力兼具的新媒体生态,坚守好大学精神。

四是在工作模式上的科学设计。夯实的网络新媒体工作基础是"五微五阵地"工作之后不断发展与创新的最根本保障。有两个时间节点的工作设计和推行是至关重要的。一是在建设微博矩阵时,坚持做到完整覆盖面,构建了多层级、全方位的信息共享,各具特色、优势互补的组织体系,使微博覆盖到全体学生、所有团学工作,形成整体的规模效应和影响力。另一时间点是在"小葵"品牌打造初期,构建了"小葵＋"八大服务行动工作模式,实现学校思想教育、日常管理、文化建设等多方面的工作实现网下与网上的有机融合和全面对接。此外,努力在抓好制度建设、组织保障上下功夫,如将新媒体人才专项培训纳入学生公选课,每学期培训200名新媒体人才,探索利用新媒体育人的新规律新机制;制定实施《关于完善团学系统"五微五阵地"微博体系建设的实施意见》《新媒体文明传播使者工作手册》等文件,规范网络阵地建设和网上文明行为;出台《网络文明志愿者管理条例》等激励文件,将网络文明志愿行动纳入志愿服务时长。打造"福建师范大学小葵馆",从展示场所、办公设备、专项资金等多方面为工作发展保驾护航。

五是在工作推动上的协同创新。"一人之智有限,众人之力足恃"。福建师范大学网络新媒体工作能够拥有当前良好的发展局面,离不开在工作上推崇"内部聚力、外部合力"的工作模式,积极整合资源、协同合力创新的做法。一是得力于福建师范大学共青团"校院一体"的工作模式以及"一院一品"的特色,既实现工作的整体推进、聚群效应,在特定时间、特殊事件、特色活动能迅速一呼百应,形成合力。让"小葵"品牌依托学院的特色,产出如"小葵说法""小葵说化学"等更为多元化的作品;也带动了部分学院网络思想工作的进步,"社俐俐""小鹰""杉杉"等院级新媒体品牌形象的出现,进一步夯实学校新媒体工作基础。二是得力于"福师大小葵"品牌的影响力以及工作模式的保障力。一方面,学校需要将"小葵"工作的影响力不断扩大与衍生,不仅仅是局限与校内。另一方面,校外的一些企事业单位聚焦青年工作或是青年群体的市场,希望通过借力"小葵"形象,一同进行工作的创新与实践。因此,也促使了"小葵"系列的文创更加多元、更加丰富。近年来,学校与中组部推出的《准则大家学》《条例轻松学》20 部动画片面向全国 8900 多万党员推送,与福建团省委、福建省广电总局协作推出了《小葵说青运》系列动漫;与省青年志愿者协会《中国青年志愿者之歌》视频 MV;与福建省旅游局联合推出了"小葵说文明旅游最时尚";与福建省疾控中心联合推出的"小葵说为爱防艾你我同在"动漫系列等,这些作品在校外更为广阔的社会媒体上进行了传播与宣传,扩大了"小葵"的知晓度和影响力。

"五微五阵地"工作的未来走向

2016 年是共青团的改革元年,团中央先后下发了《共青团改革方案》《高校共青团改革方案》,两个战略性的指导文件,都强调要大力实施与推进"网上共青团"工程。这一项工作既是新时期高校共青团网络新媒体工作的新方向、新重点,也为新媒体工作的创新与实践带来新契机。下一阶段,"五微五阵地"网络新媒体工作将立足基础,延续传统,明确了"五个未来走向",并推动继续发力。

一是推进"融媒体"建设,探索平台构建新模式。当前,网络新媒体平台的多样性发展、百花齐放,既带来了繁荣景象,也让工作的"臂展延伸"多样分散。"融媒体"的建设是网络文化发展带来的新课题,也是一种新趋势。因此,下一步工作主要做好两件事:一是进行多平台的融合,首先是继续巩固微博、微信的"两微"阵地,不断进行平台功能的开发与建设;其实是推进"青年之声""QQ 空间"等平台的融合,尤其是推动"青年之声"的工作进一步融入到"五微五阵地"的工作中,推动"校本化"建设。二是要不断优化网络新媒体平台的内容供给,不断丰富线上线下的工作联动,始终坚守本性不移。一方面,要坚守思想性,坚持把"为师生服务,为人民服务,为中国共产党治国理政服务"贯穿高校新媒体建设的始终,用"隐藏的价值观"更好地体现党的领导,体现社会主义制度的优越性以及和谐社会。另一方面,要坚守正能量,既要充分运用新媒体的"媒"把党的主张转化成高校师生的自觉行动,也要把善于用师生喜闻乐见的语言、易于接受的方式反映师生创造的厚重传统、鲜活经验,构造广大师生的"精神共同体"。

二是深化"小葵说"品牌,引领青年进步新风尚。大学是优秀文化传承的重要载体和思想文化创新的重要源泉,因此,大学应是先进文化的引领者,更是优秀文化的继承者;应是积极文化的创造者,更是核心文化的打造者;应是主流文化的倡导者,更是文化主旋律的宣传者。"小葵说"就是在这样工作理念与追求下孕育而生的工作品牌。以"小葵说"为主题系列文创产品是福建师范大学网络新媒体工作的核心产物,更是竞争力所在。下一阶段,应当继续深化"小葵说"品牌,要继续运用"小葵"讲好中国共产党治国理政的故事;学好习近平总书记系列重要讲话精神和治国理政新理念新思想新战略;讲好中华民族伟大复兴中国梦的故事;讲好社会主义核心价值观;讲好师大故事以及身边好人善事等,不断增强师生的道路自信、理论自信、制度自信、文化自信;引导师生做社会主义核心价值观的坚定信仰者、积极传播者和模范践行者。继续让"小葵"善于"讲故事、讲好故事、讲好中国故事"的品牌形象不断强化,成为"中国小葵"。

三是发挥"聚能环"效应,推动整体工作新发展。当前,福建师范大学团委的网络新媒体工作已经不再单纯只是新媒体平台上的建设,已经逐渐衍生到网络形象的打造与运营,承担协同创新项目的开发与运作、建设新媒体研究与原创基地、新媒体文化体验馆"福师大小葵馆",以及网络新媒体舆情服务等多方面。这里每一项新的工作从无到有,从有到优,从优到精,一步步都具有现实需求和战略意义。现实需求是源于新媒体工作在实践中不断与青年工作、学生成长、校园生活、学校发展相融合的驱动。战略意义是学校新媒体工作发展自我忧患意识的警醒,以及追求工作持久的创新力和影响力的驱动。因此,下一阶段的工作应当着力扩大"小葵"的影响力,如推进"国际葵"项目,通过开通与运营好"小葵"的推特、Facebook 等平台,传播中国核心价值观。推动"小葵＋"互联网支教、青年创业等项目的实施与落地;继续做好"小葵舆情"服务,做好中组部、教育部、团中央、省委宣传部、省教育厅、团省委等部委的项目与课题,让"小葵精神"在更大平台体现,让工作影响能够更为持久有力。

四是融入"大思政"格局,探索工作有为新空间。当前,高校"大思政"工作形势对共青团的工作带来了全新的机遇与挑战。因此,高校共青团的工作与改革也要聚焦供给侧结构性改革,着眼于提升服务引领学生、服务教育教学的针对性实效性。一方面,在传统线下工作方面,强化"小葵＋"八大行动的工作模式,进一步提升工作的思想性,引导大学生通过积极参与客观实践构建好自己的主观世界。另一方面,在网络新媒体工作方面,要做到与时俱进,不断创新技术与手段,将思想政治工作如"盐"一般溶解于团学活动之中,让学生像吃食物一样自然而然地吸收,做到春风化雨、润物无声。概括起来,就是要将网上网下的思想工作有机结合,既会"键对键",又能"面对面",努力实现学生在哪里,思想政治工作就做到哪里。在广阔的课外空间以及网络空间,为学生提供自觉、自主、自育成长的平台载体,提供可为、能为、应为的广阔天地。

五是把握"互联网"规律,开拓工作发展新格局。"规律"就是"路线图""施工图"。推进高校新媒体建设,必须从新形势下的高校思想政治工作这一基本出发,由大到小、由广及深、把握好规律。要摸准"互联网＋"规律,要充分认识到"互联网＋"对于大学内部服务信息流的重塑和互联网生态中权威消解、个体凸显的趋势,探索"服务＋资讯""服务＋思政"模式,转换网络语言体系,以"面包＋理想""好瓶装好酒"打造刚性服务和人文关怀兼有、主流价值和话语魅力兼具的新媒体生态。要进一步摸清"互联网＋"时代媒体传播规律,主动把握态势、整合平台、创新技术、提升效应,既要大雨滂沱般刷"存在感",又要春风化雨般浇"滴灌田";要清晰认识到网络新生代大学生世界观、人生观、价值观的形成过程及规律,力戒通过片面"换位思考"就简单移植"老经验""老做法"。应当敢于应用移动直播等前沿技术,善于发现与借助好新平台的传播优势,把握技术迭代背后的大众传播规律,提升互动内涵,在各类新媒体平台议题设置逐步趋同形成的社会舆论共振效应中坚守好大学精神。

后　记

　　加强和改进高校思想政治工作,事关办什么样的大学、怎么办大学的根本问题,事关党对高校的领导,事关中国特色社会主义事业后继有人,是一项重大的政治任务和战略工程。当前,新媒体迅猛发展,正以一种不可阻挡的燎原姿态出现在我们的面前,青年学生新的学习方式、新的价值取向、新的思维习惯,对高校思想政治教育工作带来了巨大冲击,如果我们不警惕、不研究、不作为,不采取切实可行的应对措施,那么我们的工作将陷入被动,削弱自身在青年群体中的影响力与引导力。因此,唯有变革、唯有创新、唯有顺应,才能在形势严峻的思想政治教育领域占领制高点,把握主动权。"明者因时而变,智者随事而制"。自2011年"五微五阵地"网络思想政治教育工作设想的提出,到2012年"福师大小葵"诞生,六年的时光一晃而过。六年,对一个学校来说,意味着什么? 校园里花开了又谢,讲台下同学换了一批又换了一批。六年的时光,不长不短;六年的时光,有欢有悲。在这六年里,我们摸着石头过河,行至深水区,也曾茫然失措,失落到低谷,究竟是什么带领我们涉过险滩? 也许,是这六年来我们孜孜不倦地努力、坚持不懈地奋斗,赐予我们最珍贵"六个一"使我们具有无畏向前的勇气:一大批不遗余力支持小葵发展的各级单位和领导专家、一大群怀抱"爱、忠诚、责任、理想"的团学骨干、一大拨敢想敢干留下足迹的师生伙伴、一连串直面问题群策群力的思想交锋、一系列可持续发展的人才培养计划、一颗颗知不易懂珍惜怀感恩的赤子之心。

　　本书在编撰过程中,得到了诸多同志、部门的关心支持,是集体智慧的结晶,感恩每一个成就这本书的贵人。本书总论部分由谢晶执笔,第一章由黄佳淑、唐雅君执笔,第二章由涂怡弘执笔,第三章由张娴、詹明瑛执笔,第四章由梁莹、林健丹执笔,第五章由董浩玉、詹红燕执笔,第六章由乐华斌、李天丽执笔,第七章由郑瑜辉、黄永茂执笔,结语由刘晓晖、周延锋执笔。每一个与你们讨论碰撞的瞬间都值得永恒铭记。感谢林珊、穆瑞珍、郑鹰三位同学在本书校对过程中的无私付出。由于时间仓促,加之能力、水平有限,本书难免有疏漏之处,敬请各位读者批评指正。

福师大小葵团队

2017 年 11 月 3 日

于福建师范大学星雨湖畔